CW00338855

Jeannie McNeill

Steve Williams

www.heinemann.co.uk
✓ Free online support
✓ Useful weblinks
✓ 24 hour online ordering

01865 888058

Inspiring generations

Heinemann is an imprint of Pearson Education Limited, a company incorporated in England and Wales, having its registered office at Edinburgh Gate, Harlow, Essex, CM20 2JE. Registered company number: 872828

Heinemann is a registered trademark of Pearson Education Limited

First published 2005

17 16 15
13

British Library Cataloguing in Publication Data is available from the British Library on request.

ISBN: 978 0 435389 21 5

Produced by Artistix

Original illustrations © Harcourt Education Limited, 2005

Illustrated by **Jane Smith, Andrew Hennessey, Ben Morris, Specs Art** (Pete Smith), **Illustration** (Stuart Holmes, Willie Ryan) and by **Young Digital Poland** (Robert Jaszczurowski)

Cover design by Wooden Ark Studio

Printed and bound in Malaysia (CTP-VVP)

Cover photo: © Zefa

Acknowledgements

The authors would like to thank Herr Conzelmann and all the staff and pupils of Königin-Katharina-Stift Gymnasium, Stuttgart, Wolfgang Marschner at Studio f. Neue Medien, Großenseebach and all involved with the recording, Sue Chapple, Jana Kohl, Marie O'Sullivan and Michael Wardle for their help in the making of this course.

Song lyrics by Sabine Lockner-Schadek.

Music composed and arranged by John Connor.

Songs performed by Luca Beltrami and Gertrud Thoma.

Recorded at Gun Turret Studios, Bromsgrove. Engineered by Pete O'Connor.

Photographs were provided by **Allstars**, p.44 (The Simpsons), **Corbis** p.8 (Spain), p.20 (mountain bikers), p.27 (football coach), p.48, p.49, (skateboarders), p.85 (oven), p.115 (village scene), p.189 (footballer), **Getty Images/PhotoDisc** p.8 (Greece, Portugal, USA, Italy), p.17 (pasta, ski slope), p.20 (beach), p.38 (turkey, teenagers in snow), p.44 (gorilla), p.50 (teenagers in forest), p.122 (teenagers playing football) **Getty News & Sport** p. 74 (German female football team, Regina Häusl, Steffi Graf), **Harcourt Education Ltd/Gareth Boden** p.51 (Black Forest gateau), **Harcourt Education Ltd/Tudor Photography** p.85 (chopping mushrooms, pizza with toppings, pizza base with cheese and tomato, pizza with ham), p.88 (youth club), p.97 (towel, swimsuit, etc.), **Harcourt Education Ltd/Lorraine Poulter** p.85 (bag of flour), **Rex Features** p.56 (Seven Years in Tibet), p.74 (Michael Schuhmacher, Boris Becker, Jan Ullrich), **Rex Features/New Line/Everett** p.56 (Lord of the Rings; Fellowship of the Ring), **Rex Features/Disney/Everett** p.56 (Finding Nemo). All other photos are provided by **Harcourt Education Ltd/Jules Selmes**.

Every effort has been made to contact copyright holders of material reproduced in this book. Any omissions will be rectified in subsequent printings if notice is given to the publishers.

Contents – Inhalt

1 Die Ferien

1 Was machst du im Sommer?

Talking about the weather
Using verbs in the present tense with *ich / du / er / sie*

Hör zu. Was machen sie? (1–4)
Beispiel: 1 Im Frühling – a, e, ...

1   Im Frühling

2   Im Sommer

3   Im Herbst

4   Im Winter

Marta

Thomas

Lena

Carolin

Selim

Christian

| a | b | c | d | e | f | g | h | i |

Partnerarbeit. Mach Dialoge.
- Was machst du im (Winter)?
- Im (Winter) (spiele ich Fußball).
- Das ist (a).
- Was machst du im (Herbst)?

Im Frühling ...	spiele ich	Fußball / am Computer.
	gehe ich	einkaufen / ins Kino.
	fahre ich	Snowboard.
	höre ich	Musik.
	sehe ich	fern.
	lese ich. faulenze ich.	

Lies den Text. Schreib die Sätze auf Seite 7 ab und füll die Lücken aus.
Read the text. Write out the sentences on page 7 and fill in the gaps.

Ich heiße Christian. Ich bin ziemlich sportlich. Im Frühling spiele ich Tennis. Im Sommer gehe ich jeden Tag schwimmen. Es gibt ein tolles Freibad in der Stadt. Das ist meine Lieblingsjahreszeit! Ich spiele auch im Park Volleyball. Im Herbst ist das Wetter oft nicht so gut, also spiele ich mit meinen Freunden im Sportzentrum Basketball. Im Winter spiele ich in der Schule Fußball.

Meine Freundin Lena ist nicht so sportlich. Im Frühling und im Sommer geht sie einkaufen. Sie spielt auch im Park Minigolf. Im Winter geht sie ins Kino oder sie sieht fern. Im Winter spielt mein Freund Selim jeden Tag am Computer. Er liest auch gern.

1 Im Sommer geht Christian ___ .
2 Er ___ auch Volleyball.
3 Im ___ spielt er Tennis.
4 Im Winter ___ er ___ .
5 Im ___ ___ er Basketball.
6 Im Sommer ___ Lena ___ .
7 Sie ___ auch ___ .
8 Im Winter ____ sie fern.
9 Im Winter ___ Selim am ___ .
10 Selim ___ auch gern.

ECHO • Detektiv

A reminder of the present tense verb endings you have learnt so far:

ich	spiel**e**	geh**e**	seh**e**	les**e**
du	spiel**st**	geh**st**	sieh**st**	lie**st**
er/sie	spiel**t**	geh**t**	sieh**t**	lie**st**
wir	spiel**en**	geh**en**	seh**en**	les**en**

Lern weiter ➡ 5.2, Seite 126

---

hören **4**

Hör zu. Wo ist das? Wie ist das Wetter? (1–10)
*Beispiel: **1** Hamburg – g*

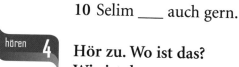

München   Klosters
Berlin   Paris   Wien
Hamburg   London   Köln
Stuttgart   Bern

a Es ist schön.
b Es ist sonnig.
c Es ist windig.
d Es ist wolkig.
e Es ist neblig.
f Es ist frostig.
g Es ist heiß.
h Es ist warm.
i Es ist kalt.
j Es regnet.
k Es schneit.
l Es donnert und blitzt.

---

sprechen **5**

Partnerarbeit.

▪ Wie ist das Wetter in (Paris)?
● (Es regnet.) Wie ist das Wetter in (Bern)?
▪ …

 Paris
 Bern
 London
 Hamburg
 Wien
 Stuttgart

---

lesen **6**

Welche Jahreszeit ist das? *Which season is it?*

a
Das Wetter ist oft sehr schön. Hier in Süddeutschland ist es heiß und sonnig. Das finde ich toll. Ich faulenze im Garten und trage einen Bikini.

Lena

b
Ich mag kaltes Wetter. Ich fahre gern Snowboard und spiele auch mit meinen Brüdern im Schnee.

Christian

c
Es ist sonnig und warm, aber nicht zu heiß. Stuttgart sieht schön grün aus. Ich gehe wandern und zu Hause helfe ich im Garten.

Carolin

---

schreiben **7**

Beschreib deine Lieblingsjahreszeit.
Describe your favourite season.

Ich finde den …
        Frühling / Sommer / Herbst / Winter toll.
Das Wetter ist …
Im … spiele / gehe / fahre / lese / faulenze ich …
Ich … auch … und ich …

2 Wo warst du?

Talking about where you went in the holidays
Using *ich war* and *es war* to describe a past holiday

lesen 1

Wo ist das?
Beispiel: 1 Griechenland

Amerika   Griechenland   Italien

Portugal   Spanien   zu Hause

hören 2

Hör zu. Wo waren sie?
Für wie lange? (1-8)
Listen. Where did they go?
How long for?
Beispiel: 1 Ireland, 1 week

Ich war in	Amerika / England / Frankreich
	Griechenland / Irland / Italien / Österreich
	Portugal / Schottland / Spanien / Wales.

Ich war zu Hause.

Für drei Tage / eine Woche / zwei Wochen.

hören 3

Hör zu und wiederhole.

Spanien, Italien
Irland, Schottland, Griechenland, England
Portugal
Amerika

Pronouncing names of countries

Remember that these will sound different in German, even if they look similar to the English.

sprechen 4

Stell Fragen und mach Notizen.

■ Wo warst du in den Sommerferien?
● Ich war in (Cornwall).
■ Für wie lange?
● Für (eine Woche).

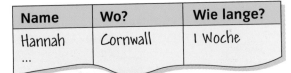

Name	Wo?	Wie lange?
Hannah	Cornwall	1 Woche
...		

schreiben 5

Schreib Sätze.
Beispiel: James war für eine Woche in Wales.
Lucy war zu Hause.

ECHO • Detektiv

was / were

ich war	I was
du war**st**	you were
er / sie / es war	he / she / it was

Lern weiter ➡ 5.13, Seite 131

hören 6

Hör zu. Schreib die Tabelle ab und füll sie aus. (1–6)

	Wie lange?	Wo?	Meinung	Wetter?
1	1 Woche	Wales	super	kalt, sonnig

Es war	toll / super / furchtbar / interessant.	
	ziemlich / sehr / nicht … langweilig / lustig.	
Es war	sehr / ziemlich / zu	schön / sonnig / warm / windig / heiß / kalt.
Es hat (nie) geregnet.		

Use **zu** to say *too* in German:
Es war **zu** heiß. = *It was **too** hot.*

Remember to use the other qualifiers you have learned:
sehr (*very*), **ziemlich** (*fairly*), and **nicht** (*not*)

sprechen 7

Partnerarbet: Sieh dir die Bilder an.

■ Wo warst du in den Sommerferien?
● Ich war für (zwei Wochen) in (Portugal).
■ Wie war es?
● Es war (toll).
■ Wie war das Wetter?
● Es war (sehr schön).

lesen 8

Füll die Lücken aus.

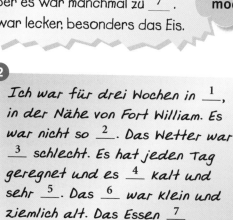

1
Ich __1__ für eine __2__ in Portugal, in der Nähe von Lissabon. Ich war mit Freunden dort. Es war __3__ ! Das Hotel war __4__ und __5__ . Das __6__ war sehr schön, aber es war manchmal zu __7__ . Das __8__ war lecker, besonders das Eis.

Wetter heiß
groß war
Essen Woche
modern toll

2
Ich war für drei Wochen in __1__, in der Nähe von Fort William. Es war nicht so __2__. Das Wetter war __3__ schlecht. Es hat jeden Tag geregnet und es __4__ kalt und sehr __5__. Das __6__ war klein und ziemlich alt. Das Essen __7__ schrecklich und meine __8__ war sehr launisch. Furchtbar!

gut Hotel war
war Schottland
Schwester sehr windig

manchmal = *sometimes*
besonders = *especially*
in der Nähe von = *near*

lesen 1 Finde das Wort für jedes Bild.
Find the word to go with each picture.
Beispiel: **1** *Hotel*

> Hotel   Jugendherberge
> Ferienwohnung
> Campingplatz   Ferienhaus
> bei Freunden

Habib

Karl

Katja

Fairuza

Jonas

Sophie

hören 2 Hör zu. Wer spricht? (1–6)
Listen. Who is speaking?
Beispiel: **1** *Sophie*

sprechen 3 Partnerarbeit.
- Wo hast du gewohnt?
- Ich habe in (einem Hotel) gewohnt.
- Das ist die Nummer (eins).

	in einer Ferienwohnung	
Ich habe	in einer Jugendherberge	gewohnt.
	in einem Ferienhaus	
	in einem Hotel	
	auf einem Campingplatz	
	bei Freunden	
	bei meiner Familie	

ECHO • Detektiv

The perfect tense

To talk about what you did, use part of the verb **haben** + a participle

Ich habe ...	**ge**wohn**t**	*I stayed*
Du hast ...	**ge**spiel**t**	*I played*
	gekauf**t**	*I bought*

Regular participles begin with **ge** and end with **t**. They go at the end of the sentence.

Lern weiter ➡ 5.8, Seite 129

schreiben 4

Schreib die Sätze aus. Welches Bild ist das?
Beispiel: 1 Ich habe in einem Hotel gewohnt. – b

a   b   c   d   e   f

1   Ichhabeineinemhotelgewohnt.
2   Ichhabevolleyballgespielt.
3   Ichhabeeinejackegekauft.
4   Ichhabejedentagtennisgespielt.

5   Ichhabeaufeinemcampingplatz inspaniengewohnt.
6   Ichhabeeinbuchund bonbonsgekauft.

 hören 5

Hör zu. Wie ist die richtige Reihenfolge?
Beispiel: i, b …

a   b   c   d   e   f   g   h   i

 hören 6

Hör noch mal zu. Was ist das auf Deutsch?

1   I stayed
2   I played
3   I ate
4   I drank
5   I saw
6   I bought

> **Ich habe …**
> getrunken   gekauft
> gesehen   gewohnt
> gegessen   gespielt

⊙ ECHO • Detektiv

Irregular verbs look different in the perfect tense.

Ich habe … **gesehen**.
Ich habe … **gegessen**.
Ich habe … **getrunken**.

 **Lern weiter ➡ 5.9, Seite 130**

schreiben 7

Schreib die Sätze auf.
Beispiel: 1 Ich habe in einem Hotel gewohnt.

Ich habe …

1   in einem Hotel
2   Tischtennis
3   ein T-Shirt
4   einen Film
5   Croissants
6   Mineralwasser

gespielt.
gegessen.
gewohnt.
gekauft.
getrunken.
gesehen.

 Mini-Test • Check that you can

1 Say what you do at different times of the year
2 Talk about the weather
3 Say where you went on holiday
4 Say where you stayed on holiday
5 Say some things you did using the perfect tense

hören 1 Hör zu und wiederhole.

Wie viel Uhr ist es?

Wie spät ist es?

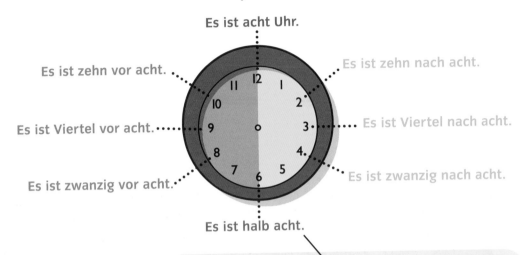

Es ist acht Uhr.

Es ist zehn vor acht.

Es ist zehn nach acht.

Es ist Viertel vor acht.

Es ist Viertel nach acht.

Es ist zwanzig vor acht.

Es ist zwanzig nach acht.

Es ist halb acht.

schreiben 2 Wie viel Uhr ist es?
Schreib Sätze.

> **Telling the time**
> In German you say it is half **to** the hour, not half past.
> Es ist **halb acht**. = *It is half past seven (half to eight).*

1

2

3
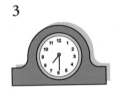

4

5

6

hören 3 Hör zu und schreib die Uhrzeit auf. (1–8) *Listen and write down the time.*
Beispiel: **1** *5:10 Uhr*

hören 4 Hör zu. Was machen sie und wann? (1–3)
Listen. What are they going to do and when?
Beispiel: **1** *b – 8:30 Uhr, …*

Europark Rügen

einen Tauchkurs machen

Minigolf spielen

eine Band sehen

eine Radtour machen

Fitnesstraining machen

a b c d e

5 **Partnerarbeit. Mach Pläne für morgen.** *Pairwork. Make plans for tomorrow.*

■ Was machen wir morgen?
● Wir (machen eine Radtour).
■ Prima Idee! Um wie viel Uhr?
● Um (halb zehn).

Wir	machen	eine Radtour. (09:30) einen Tauchkurs. (11:00) Fitnesstraining. (02:30)
Wir	gehen	ins Restaurant. (08:00)
Wir	spielen	Minigolf. (04:00)
Wir	sehen	eine Band. (07:30)
Prima Idee! / Au ja! / Tolle Idee! / Nicht schlecht!		

 6 **Lies die E-Mail und ordne die Bilder aus Aufgabe 4.**
Read the email and put the pictures in exercise 4 in the correct order.
Beispiel: b, …

Der Europark ist toll! Ich bin hier mit meiner Familie. Morgen machen wir viel: Um halb neun spielen wir Minigolf, um zehn Uhr machen wir eine Radtour und um zwanzig nach elf spielen wir Tennis!
Und was machen wir am Nachmittag? Wir machen einen Tauchkurs – um zehn vor zwei. Um vier Uhr machen wir Fitnesstraining und um Viertel nach fünf gehen wir ins Schwimmbad. Wahnsinn!
Wir gehen um halb sieben ins Restaurant. Und was sonst? Ach, ja – wir sehen um zwanzig nach acht eine Band. Die Band heißt Rammstein und ich finde den Sänger sehr schön.

Lena

 7 **Lies die E-Mail noch mal und sieh dir die Bilder aus Aufgabe 4 an. Wann macht Lena das?**
Beispiel: **a** 1:50 Uhr

 8 **Du besuchst den Europark. Was machst du? Schreib eine E-Mail.**
You're visiting Europark. What are you going to do? Write an email.

- Plan the content: list the activities you want to do, and the times.
- Look for phrases in Lena's email you could use.
- Think about things you need to remember, e.g. putting the verb as the second idea.

 ECHO • Detektiv

Verb second!
Remember that the verb has to be the second idea:

1	2	3	4
Wir	**machen**	um acht Uhr	eine Radtour.
Um acht Uhr	**machen**	wir	eine Radtour.

Lern weiter ➡ 7.1, Seite 132

5 Ich bin k.o.!
Saying what you did at the weekend
Using the perfect tense with *haben* and *sein*

hören **1** Hör zu und lies. Wer ist auf dem Foto?

LENAS TAGEBUCH

Samstag, den 30. Oktober

Heute Morgen habe ich in meinem Zimmer Musik gehört. Dann habe ich Fitnesstraining gemacht (um halb acht!). Das war sehr anstrengend! Ich bin auch schwimmen gegangen, aber das Wasser war zu kalt. Brrr!

Ich habe am Nachmittag eine Radtour gemacht. Ich bin 10 Kilometer mit dem Rad gefahren! Dann habe ich mit Andreas Minigolf gespielt. Andreas ist ein neuer Freund. Er ist super cool.

Heute Abend bin ich mit Mutti und Vati ins Café gegangen. Ich habe Pizza gegessen – total lecker! Dann habe ich mit Andreas einen Film gesehen – es gibt hier ein tolles Kino.

Und jetzt? Tja, jetzt gehe ich ins Bett – es ist Viertel vor zwölf!

> k.o. = *exhausted*
> heute Morgen = *this morning*
> anstrengend = *tiring*
> heute Abend = *this evening*

lesen **2** Lies den Text noch mal. Ordne die Bilder.
Beispiel: b, …

a

b

c

d

e

f

lesen **3** Lies den Text noch mal. Ergänze Lenas Sätze.
Read the text again. Complete Lena's sentences.

1 Das Fitnesstraining war sehr _____ .
2 Ich bin _____ Kilometer mit dem _____ gefahren.
3 Ich habe mit _____ im Café gegessen.
4 Die Pizza war _____ .
5 Es ist _____ und ich gehe ins Bett.

lesen 4

Finde die Verben in Lenas Text.

1 hören → *habe gehört*
2 machen →
3 gehen →
4 fahren →
5 spielen →
6 essen →
7 sehen →

ECHO • Detektiv

Forming the perfect tense

Most verbs form the perfect tense with **haben**:

ich habe … gemacht

The verbs **gehen** and **fahren** form the perfect tense with **sein**:

ich bin … gegangen
ich bin … gefahren

Lern weiter ➡ 5.10, Seite 130

sprechen 5

Gruppenspiel: Anfänge und Enden.
Group game: begin and end sentences.

■ Ich habe Pizza …
● Gegessen. Ich bin schwimmen …
▲ Gegangen. Ich habe …

Ich	habe	eine Radtour einen Tauchkurs Fitnesstraining	gemacht.
		Minigolf	gespielt.
		Musik	gehört.
		Pizza	gegessen.
		einen Film	gesehen.
	bin	schwimmen ins Café	gegangen.

schreiben 6

Was hast du im Europark gemacht? Schreib Sätze.
What did you do at Europark? Write sentences.
Beispiel: 1 Ich habe Fitnesstraining gemacht.

schreiben 7

Schreib eine Postkarte im Perfekt.
Write a postcard in the perfect tense. (Use your sentences from exercise 6.)
Hallo Ralf!
Es ist toll hier! Ich habe viel gemacht. Ich habe
Fitnesstraining gemacht. Es war … Ich habe auch …
Tschüs,
Dein / Deine [your name]

Include opinions, and look at Lena's diary opposite to find good phrases to use.

6 Skiurlaub

Talking about a winter holiday
Practising the perfect tense

 1 Hör zu. Schreib die richtigen Nummern auf. (1–3)
Beispiel: 1 Anna 1, 5 …

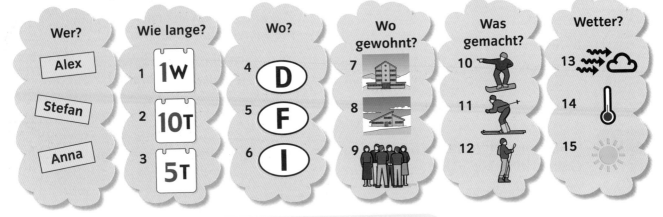

Listening for gist and detail
- The first time you listen, pick out the main details – which country did the person go to? How long for?
- Then listen again, to find more information.

 2 **Partnerarbeit.**
- ▪ *(Chooses numbers 2, 5, 7, 10 and 14)*
  Ich war für zehn Tage in Frankreich.
  Ich habe in einem Hotel gewohnt.
  Ich bin Snowboard gefahren.
  Das Wetter war kalt.
- ● *(Listens and makes notes)*
  Das war (2, 5, 7, 10 und 14).
- ▪ Richtig.

Ich war für	eine Woche / fünf Tage / zehn Tage	
in	Deutschland / Frankreich / Italien.	
Ich habe	in einem Hotel in einem Ferienhaus bei Freunden	gewohnt.
Ich bin	Ski / Snowboard	gefahren.
	wandern	gegangen.
Das Wetter war	sonnig / kalt / windig.	

ECHO • Detektiv

The perfect tense with *haben*		**The perfect tense with *sein***	
ich habe	gemacht	ich bin	gegangen
du hast	gespielt	du bist	gefahren
er / sie / es hat	gewohnt	er / sie / es ist	gekommen
wir haben	gegessen	wir sind	gegangen
ihr habt	gelesen	ihr seid	gefahren
sie haben	gekauft	sie sind	gekommen

Lern weiter ➡ 5.8, Seite 129 und 5.10, Seite 130

lesen 3 Lies die Texte. Welches Foto ist das?

Joachims Ferienalbum

1 Das Wetter in Italien war sehr schön – kalt und sonnig. Ich bin jeden Tag um neun Uhr morgens Ski gefahren und ich bin auf zwei schwarzen Pisten gefahren – das war schwierig, aber gut.

2 Das Hotel war groß und modern. Mein Zimmer war O.K. (ich war mit Andreas zusammen im Zimmer). Es gibt einen Fernseher und eine Minibar in jedem Zimmer, aber ich habe kein Bier getrunken! Ich habe einen Horrorfilm gesehen (das war nachts um Viertel nach eins!).

3 Das Essen war wirklich lecker. Ich bin jeden Abend um halb sieben in die Pizzeria gegangen. Ich habe oft Pasta gegessen.

4 Ich bin mit Andreas auch einkaufen gegangen. Er hat für seine Freundin Parfüm gekauft – mein Bruder ist doof und total verliebt!

schwarze Pisten = *black ski slopes (the most difficult ones)*
verliebt = *in love*

lesen 4 Richtig (R), falsch (F) oder nicht im Text (N)?

1 Das Wetter in Italien war sehr gut.
2 Das Hotel war schön und alt.
3 Joachim hat Bier getrunken.
4 Joachim sieht gern Horrorfilme.
5 Das Essen war sehr gut.
6 Andreas ist Joachims Bruder.
7 Andreas hat eine Freundin.
8 Joachim hat Parfüm gekauft.

schreiben 5 Schreib etwas über deine Winterferien.
Beispiel: Ich war in Deutschland. Das Wetter war ... Ich habe in einem ... gewohnt. Ich bin ...

Ich war in ... Das Wetter war ... Ich habe (auch) ... gewohnt / gekauft / gespielt gesehen / gegessen getrunken. und aber Ich bin (auch) ... gegangen / gefahren.

Lernzieltest

Check that you can:

1
- Talk about what you do at different times of the year
- Talk about the weather
- Ⓖ Remember the present tense verb endings for *ich, du, er/sie*

Im Sommer spiele ich Tennis, im Winter fahre ich Snowboard.
Es ist warm und sonnig. Es regnet.
ich spiele, du spielst, er/sie spielt

2
- Name four countries people go to on holiday
- Ⓖ Use *ich war* to describe where you were on holiday
- Ⓖ Use *es war* to describe what your holiday was like

Spanien, Italien, Griechenland, Amerika
Ich war in Cornwall.

Es war toll! Es war ziemlich langweilig.

3
- Talk about places to stay
- Say what you did on holiday
- Ⓖ Remember some participles for irregular verbs

in einem Hotel, auf einem Campingplatz
Ich habe Tennis gespielt.
Ich habe ein T-Shirt gekauft.
Ich habe Pommes gegessen.
Ich habe Limo getrunken.
Ich habe einen Film gesehen.

4
- Use the 12-hour clock to tell the time
- Ⓖ Make leisure plans using *wir*

Es ist halb zwei. Es ist Viertel nach zwei.
Was machen wir? Wir machen eine Radtour.

5
- Ⓖ Use the perfect tense with *haben*
- Ⓖ Use the perfect tense with *sein*

Ich habe Fitnesstraining gemacht.
Ich habe einen Film gesehen.
Ich bin schwimmen gegangen.
Ich bin ins Café gegangen.

6
- Give five details about a past holiday: where you went / stayed, what you did, weather

Ich war in …
Ich habe in … gewohnt.
Ich bin … gefahren.
Ich habe … gesehen.
Das Wetter war …

Wiederholung

hören 1

Hör zu. Mach Notizen auf Englisch. (1–4)

	Place	Activities
1	France	tennis, swimming

sprechen 2

Partnerarbeit.

■ Was machen wir um (halb drei)?

● Wir (machen Fitnesstraining).

a  b  c  d  e  f

lesen 3

Lies die Postkarte und beantworte die Fragen.

> Hallo Ina!
> Mallorca ist toll. Wir sind für zehn Tage hier. Es ist sonnig und sehr heiß. Das Essen ist ziemlich gut und ich habe jeden Tag Paella gegessen. Das war sehr lecker! Der Campingplatz ist sehr groß. Ich habe Tennis gespielt und ich bin oft schwimmen gegangen. Ich habe auch Volleyball mit Tobias am Strand gespielt. Das ist immer so lustig! Hier habe ich viele neue Freunde gefunden.
> Bis bald,
> Deine
> Natalie

1 Where is Natalie on holiday?

2 How long is she there for?

3 What is the weather like?

4 What does she think of the food?

5 Where is she staying?

6 What has she been doing? (*3 things*)

schreiben 4

Schreib Sätze.

1 gespielt habe Fußball Ich

2 ein Du hast T-Shirt gekauft

3 gegangen bin Ich schwimmen

4 Ich Pizza habe gegessen

schreiben 5

Schreib eine Postkarte aus deinen Fantasieferien.
Write a postcard from an imaginary holiday.

An der Nordsee

lesen 1 Finde die Untertitel für Martas Fotos.

a Carolin ist immer so launisch.

b Die Jugendherberge auf Sylt ist wirklich gut.

c Wir haben gestern eine Radtour gemacht.

d Die Clique auf der Insel, mit Thorsten auf der linken Seite – er ist toll!

e Der Strand ist schön.

Insel = *island*   Strand = *beach*

hören 2 Hör zu. Wie ist die richtige Reihenfolge? (Sieh die Fotos aus Aufgabe 1 an.)
Beispiel: 2, ...

sprechen 3 Partnerarbeit. Ein(e) Partner(in) ist Marta. Stell Fragen.

Wie ist der Strand?

Wie findest du Thorsten?

Was hast du gemacht?

Wer ist das?

Wie findest du die Jugendherberge?

Wie findest du Carolin?

schreiben 4 Füll die Lücken aus. Schreib den Text ab.

Sylt ist eine ___1___ in der Nordsee.
Es gibt viel ___2___ und alte ___3___ .
Man ___4___ eine Radtour ___5___ oder
am Strand Volleyball ___6___ . Das
Wetter ist ___7___ kalt und windig
auf Sylt, aber im ___8___ ist es oft
heiß und sonnig.

Sommer kann
Insel Häuser
spielen Sand
manchmal
machen

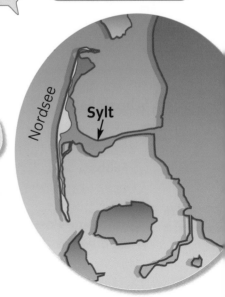

Nordsee

Sylt

5 Hör zu und lies.

> Hi Christian, wie geht's?
>
> Wir sind für vier Tage (Freitag bis Montag) hier auf Sylt. Ich finde die Insel toll. Die Jugendherberge ist auch gut. Ich bin im Cyber-Café. Das Essen ist nicht schlecht. In unserem Schlafzimmer gibt es vier Betten. Ich bin mit Alexander, Lukas und Juri zusammen in einem Zimmer – es ist sehr lustig. Wir haben nicht viel geschlafen.
>
> Wir spielen jeden Abend am Strand Volleyball. Das ist super. Kennst du die Carolin? Sie kann so gut Volleyball spielen! Sie ist O.K., aber sie ist zu freundlich! Sie sagt: „Halloooo Thorsten! Möchtest du Volleyball mit mir üben?".
>
> Marta ist auch O.K., aber sie ist zu laut. Wir haben gestern eine Radtour gemacht. Mann, war das langweilig! Naja, ich muss gehen. Wir essen um halb sieben und es ist schon Viertel nach sechs. Gestern kam ich zu spät und ich habe nur Brot gegessen.
>
> Tschüs, Thorsten

6 Wer hat die Texte geschrieben? Marta oder Thorsten?
Beispiel: a Marta

a Wir haben eine Radtour gemacht – es war super!

b Man muss pünktlich essen.

c Hat der Thorsten eine Freundin?

d Carolin ist O.K., aber zu freundlich!

e Volleyball finde ich so langweilig.

f Ich habe nicht viel geschlafen.

7 Du bist Thorsten. Lies die E-Mail noch mal und beantworte die Fragen.

1 Wo warst du am Wochenende?
2 Wo hast du gewohnt?
3 Wie war das Essen?
4 Was hast du gemacht?
5 Wie findest du Carolin? Und Marta?

8 Schreib einen Absatz über einen Tag auf Sylt.

Beispiel: Ich war am Samstag mit (Name) und (Name) auf Sylt. Es war ... Das Wetter war ... Ich habe ... Ich bin ...

Die Jahreszeiten

im Frühling
im Sommer
im Herbst
im Winter

The seasons

in the spring
in the summer
in the autumn
in the winter

Was machst du?

Was machst du im
    Winter?
Ich spiele …
    Fußball.
    Tennis.
    am Computer.
Ich gehe …
    einkaufen.
    ins Kino.
Ich fahre Snowboard.
Ich lese.
Ich faulenze.

What do you do?

What do you do in the
    winter?
I play …
    football.
    tennis.
    computer games.
I go …
    shopping.
    to the cinema.
I go snowboarding.
I read.
I laze around.

Das Wetter

Wie ist das Wetter?
Es ist …
    schön.
    sonnig.
    windig.
    wolkig.
    neblig.
    frostig.
    heiß.
    warm.
    kalt.
Es regnet.
Es schneit.
Es donnert und blitzt.

The weather

What is the weather like?
It's …
    nice.
    sunny.
    windy.
    cloudy.
    foggy.
    frosty.
    hot.
    warm.
    cold.
It's raining.
It's snowing.
It's thundering and
    lightning.

Länder

Amerika
England
Frankreich

Countries

America
England
France

Griechenland
Irland
Italien
Österreich
Portugal
Schottland
Spanien
Wales

Greece
Ireland
Italy
Austria
Portugal
Scotland
Spain
Wales

Die Sommerferien

Wo warst du in den
    Sommerferien?
Ich war in (Frankreich).
    zu Hause
Für wie lange?
Für …
    drei Tage.
    eine Woche.
    zwei Wochen.
Wie war es?
Es war …
    (ziemlich / sehr /
    nicht)
    toll / super / lustig.
    langweilig / furchtbar.
Wie war das Wetter?
Es war zu heiß.
Es hat (nie) geregnet.

The summer holidays

Where were you in the
    summer holidays?
I was in (France).
    at home
For how long?
For …
    three days.
    a week.
    two weeks.
How was it?
It was …
    (quite / very / not)

    great / super / fun.
    boring / awful.
How was the weather?
It was too hot.
It (never) rained.

Wo hast du gewohnt?

Ich habe (in einem
    Hotel) gewohnt.
    in einer
        Ferienwohnung
    in einer
        Jugendherberge
    in einem Ferienhaus
    auf einem
        Campingplatz
    bei Freunden / bei
        meiner Familie

Where did you stay?

I stayed (in a hotel).
in a holiday apartment.

in a youth hostel.

in a holiday house.
on a campsite.

with friends / family.

Was hast du gemacht?

Ich habe …
  Volleyball gespielt.
  Postkarten gekauft.
  einen Film gesehen.
  Croissants / Pizza
    gegessen.
  Mineralwasser
    getrunken.
  eine Radtour
    gemacht.
Ich bin schwimmen
  gegangen.
Ich bin ins Café
  gegangen.
Ich bin Ski / Snowboard
  gefahren.
Ich bin wandern
  gegangen.

What did you do?

I played …
  volleyball.
  bought postcards.
  saw a film.
  ate croissants / Pizza.

  drank mineral water.

  did a bike ride.

I went swimming.

I went to the café.

*I went skiing /
  snowboarding.*
I went hiking.

Die Uhrzeit

Wie viel Uhr ist es?
Wie spät ist es?
Es ist zwei Uhr.
Es ist Viertel vor zwei.
Es ist zehn vor zwei.
Es ist Viertel nach zwei.
Es ist zwanzig nach zwei.
Es ist halb drei.

The time

What time is it?
What time is it?
It's two o'clock.
It's quarter to two.
It's ten to two.
It's quarter past two.
It's twenty past two.
It's half past two.

Pläne machen

Was machen wir
  morgen?
Um halb fünf spielen
  wir Minigolf.
Wir machen …
  eine Radtour.
  einen Tauchkurs.
  Fitnesstraining.
Prima / Tolle Idee!
Au ja!
Nicht schlecht!

Making plans

*What are we doing
  tomorrow?*
*At half past four we're
  playing minigolf.*
We're doing …
  a bike ride.
  a diving course.
  fitness training.
Great idea!
Oh yes!
Not bad!

Strategie 1

Getting started

When you're just starting the year, you might feel that there's an awful lot to learn, so try to find some fun ways of refreshing what you know and learning new words.

- Play pictionary with a friend!
- Play word association. Your partner says a word. You say one from the same chapter that is connected with it in some way. Explain your thinking!
- Your partner says a word. You have to find one in the chapter or unit which starts with the last letter of their word.
- Your partner says a word, you have to find one with the same number of letters or syllables.

2 Einkaufen und Essen

1 Auf dem Markt

Buying fruit and vegetables
Using the *Wortschatz*

Many German towns have a market square (*Marktplatz*) where a market is held at least once a week. This is a great place to buy fresh food, snacks and souvenirs.

lesen 1

Was ist das auf dem Bild?
Beispiel: Bananen – i

Bananen!
Orangen!
Äpfel!
Tomaten!
Karotten!

Champignons!
Trauben!
Birnen!
Erdbeeren!
Kartoffeln!
Zwiebeln!
Kirschen!

If you can't guess what one of the words means, look it up in the **Wortschatz** at the back of the book. The fruit and vegetables shown here are given as plurals. When you look up a word, you need to recognise it in its singular form: **Birnen → die Birne (-n)**

hören 2

Hör zu. Was kaufen sie? Was kostet das? (1–12)
*Beispiel: **1** Birnen, €2,20*

3 Hör zu und wiederhole.

 fünfzig Gramm

 hundert Gramm

zweihundert Gramm

zweihundertfünfzig Gramm

 dreihundert Gramm

 vierhundert Gramm

 fünfhundert Gramm

siebenhundertfünfzig Gramm

ein Kilo

zwei Kilo

sprechen 4 Partnerarbeit.

- ▢ (Sechs Kilo Bananen,) bitte.
- ● Bild (b)! (Dreihundert Gramm Birnen), bitte.
- ▢ Bild (f)! …

a 500 g   b 6 kg   c 750 g   d 200 g   e 2 kg   f 300 g

 5 Was kaufen sie? Hör zu und füll die Tabelle aus. (1–5)

	Was?	Was kostet das?
1	400g Kirschen, 1 kg Bananen	€9

⊙ ECHO • Detektiv

***you* – polite**

Remember to use **Sie** and the correct form of the verb when talking to adults:

Haben Sie Kirschen? *Do you have (any) cherries?*

The verb form is always the same as for **wir**: **wir haben, Sie haben,** etc.

Lern weiter ➡ 4.2, Seite 126

sprechen 6 Partnerarbeit. Mach Dialoge.

- ▢ Bitte sehr?
- ● Haben Sie (Tomaten)? →
- ▢ Ja, natürlich.
- ● Ich möchte (ein Kilo) (Tomaten), bitte. →
- ▢ Sonst noch etwas?
- ● Ja. Ich möchte (vierhundert Gramm) → (Kirschen), bitte.
- ▢ Sonst noch etwas?
- ● Nein, danke. Das ist alles.
- ▢ Das macht (neun Euro fünfzig), bitte. →

 €9,50   €13,90   €18,80

 7 Schreib einen Dialog auf dem Markt.

hören 1

Hör zu und lies. Wer sagt das?
Beispiel: 1 Fairuza

1 (Ich möchte die Suppe.)

2 (Ich möchte den Fisch.)

3 (Ich möchte den Salat.)

4 (Ich möchte das Steak.)

5 (Ich möchte die Pizza.)

6 (Ich möchte das Hähnchen.)

7 (Ich möchte das Eis.)

8 (Ich möchte die Torte.)

9 (Ich möchte einen Milchshake.)

10 (Ich möchte eine Limonade.)

11 (Ich möchte ein Mineralwasser.)

Sophie

Habib

hören 2

Hör zu. Was möchten sie? (1–5)
Beispiel: 1 a, …

Benno

Fairuza

Café am Markt
SPEISEKARTE

ALLES FÜR €20!

Vorspeise
[a] Tomatensuppe
[b] Salat mit Tomaten, Zwiebeln und Käse

Hauptgericht
[c] Fisch mit Pommes
[d] Steak mit Kartoffeln
[e] Pizza mit Käse und Tomaten
[f] Hähnchen mit Reis

Nachtisch
[g] Eis
[h] Torte (Schokolade)

Getränke
[i] Mineralwasser
[j] Limonade
[k] Milchshake

Ich möchte	den Salat / Fisch. die Tomatensuppe / Pizza / Torte. das Hähnchen / Steak / Eis.
Ich möchte	einen Milchshake. eine Limonade. ein Mineralwasser.
Nichts, danke.	

⊙ ECHO • Detektiv

Saying *the* and *a* after a verb (accusative)

	the	**a**
m (der)	Ich möchte **den** Fisch.	Ich möchte **einen** Milchshake.
f (die)	Ich möchte **die** Pizza.	Ich möchte **eine** Limonade.
n (das)	Ich möchte **das** Steak.	Ich möchte **ein** Mineralwasser.

Lern weiter ➡ 2.2, Seite 123

sprechen 3

Partnerarbeit. Mach Notizen.

■ Was möchtest du als Vorspeise?
● Ich möchte (die Tomatensuppe).
■ Was möchtest du als Hauptgericht?
● Ich möchte (die Pizza).
■ Was möchtest du als Nachtisch?
● Ich möchte (das Eis).
■ Was möchtest du trinken?
● Ich möchte (ein Mineralwasser).

	Ich	Simon
Vorspeise:	Salat	Tomatensuppe
Hauptgericht:		
Nachtisch:		
Getränke:		

hören 4

Hör zu und lies. Was haben sie gegessen?
What did they eat?
Beispiel: Marta – Tomatensuppe, …

Gestern war Samstag. Das Wetter war warm und sonnig – super! Ich bin mit Thomas und Lena in die Stadt gefahren. Wir haben im „Café am Markt" zu Mittag gegessen.

Ich habe als Vorspeise die Tomatensuppe gegessen. Das war sehr gut. Als Hauptgericht habe ich Pizza mit Käse und Tomaten gegessen. Das war lecker! Ich habe als Nachtisch die Torte gegessen – hmm! Was habe ich getrunken? Ach ja, ich habe ein Mineralwasser und einen Milchshake getrunken.

Thomas hat den Salat, Fisch mit Pommes und die Torte gegessen. Dann hat er auch ein Eis gegessen! Er hat Limo und zwei Milchshakes getrunken. Dann war er satt!

Lena hat nicht viel gegessen. Sie war krank. Als Vorspeise hat sie den Salat gegessen. Als Hauptgericht hat sie die Pizza gegessen. Sie hat nur Mineralwasser getrunken und sie hat keinen Nachtisch gegessen. Arme Lena!

Marta

lecker = *delicious*
er war satt = *he was full*
sie war krank = *she was ill*
arme Lena! = *poor Lena!*

lesen 5

Lies den Text noch mal.
Beantworte die Fragen auf Deutsch.
1 Wie war das Wetter gestern?
2 Wo hat Marta zu Mittag gegessen?
3 Wie war die Pizza?
4 Was hat Thomas als Vorspeise gegessen?
5 Warum hat Lena nicht viel gegessen?

 ECHO • Detektiv

Perfect tense (ich / du / er / sie)

Remember to use the correct form of **haben**:

ich **habe**	gegessen / getrunken
du **hast**	gegessen / getrunken
er/sie **hat**	gegessen / getrunken

Lern weiter ➡ 5.8, Seite 129

schreiben 6

Schreib Sätze über dich und deinen Partner / deine Partnerin.
Write sentences in the perfect tense about you and your partner in exercise 3.

Ich habe als Vorspeise den Salat gegessen. Simon hat als Vorspeise die Tomatensuppe gegessen.

3 Ein Picknick
Saying what you like to eat and drink
Using *nicht* and *kein* in different situations

lesen 1

Was ist das?
Beispiel: 1 Limonade

Brot (*n*)	Joghurt (*m*)	Kuchen (*m*)	Schinken (*m*)	Marmelade (*f*)
Cola (*f*)	Käse (*m*)	Schoko-Milch (*f*)	Saft (*m*)	Limonade (*f*)

hören 2

Hör zu und füll die Tabelle aus.

gern	nicht gern
Käse	

	Ben	Mary
Kuchen	✓	
Joghurt	✗	
Käse		
Brot		
Schinken		
Marmelade		
Schoko-Milch		
Limonade		
Cola		
Saft		

sprechen 3

Umfrage.

■ Isst du gern (Kuchen), Ben?
● (Ja, ich esse gern Kuchen.)
■ Isst du gern (Joghurt)?
● (Nein, ich esse nicht gern Joghurt.)
…
■ Trinkst du gern (Schoko-Milch)?
● (Nein, ich trinke nicht gern Schoko-Milch.)

schreiben 4

Schreib die Resultate auf.
Write down the results.

Ben / Mary isst gern Kuchen,
Käse und Brot, aber
er / sie isst nicht gern Joghurt …
Er / Sie trinkt …

 Use **gern** to talk about what you *like* doing:
Ich esse **gern** Joghurt.

 Use **nicht gern** to talk about what you *don't like* doing:
Ich esse **nicht gern** Käse.

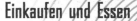

hören 5

Hör zu und lies. Ordne die Bilder aus Aufgabe 1.
Put the pictures in exercise 1 into the correct order.
Beispiel: 4, ...

Marta:	Das Wetter ist so schön heute und wir haben nichts zu tun! Möchtest du ein Picknick machen?
Carolin:	Ja, tolle Idee! Was isst du gern?
Marta:	Also, ich esse gern Kuchen.
Carolin:	Hmm, lecker! Und sonst? Isst du gern Brot?
Marta:	Ja. Mit Marmelade, Schinken oder Käse?
Carolin:	Hmm …, ich esse nicht gern Marmelade.
Marta:	Also, Schinken und Käse, aber keine Marmelade. Isst du auch gern Joghurt?
Carolin:	Joghurt? Igitt! Nein, ich esse nicht gern Joghurt.
Marta:	O.K. Wir kaufen keinen Joghurt. Und zu trinken? Was trinkst du gern?
Carolin:	Ich trinke gern Limo und Saft. Du auch?
Marta:	Nein, aber ich trinke gern Cola und Schoko-Milch.
Carolin:	Dann kaufen wir Limo und Schoko-Milch, aber wir kaufen keinen Saft und keine Cola. Ist das O.K.?
Marta:	Ja. Kein Problem.

igitt! = *yuck!*
du auch? = *you too?*

lesen 6

Lies den Dialog noch mal. Was kaufen sie nicht?
Read the dialogue again.
What don't they buy?
Beispiel: keine Marmelade, ...

ECHO • Detektiv

Use **kein** to talk about what you *don't have*.

(m) Schinken → Wir kaufen **keinen** Schinken.
(f) Milch → Wir kaufen **keine** Milch.
(n) Brot → Wir kaufen **kein** Brot.

schreiben 7

Was gibt es nicht? Schreib Sätze über den Kühlschrank.
What isn't there? Write sentences about the fridge.
Beispiel: Es gibt keine Milch, ... Wir haben auch kein(en) ...

✓ Mini-Test • Check that you can

1. Ask for three types of fruit and vegetables at a market
2. Order two foods and one drink in a restaurant
3. Say what you ate and drank, using the perfect tense
4. Say three things you like / don't like to eat and drink
5. Say three things that you haven't got in your fridge

4 Wo gehst du einkaufen?

Saying what you can buy in different shops
Using *in* + dative to say where you shop

hören 1 **Hör zu. Was passt zusammen? (1–9)**
Beispiel: **1 i**

a der Musikladen

b die Buchhandlung

c das Modegeschäft

d die Konditorei

e die Drogerie

f das Sportgeschäft

g die Metzgerei

h das Kaufhaus

i die Bäckerei

 hören 2 **Hör zu. Wo und was? (1–9)**
Beispiel: **1** *Modegeschäft – Kleidung*

sprechen 3 **Partnerarbeit.**

■ Was kauft man (im Sportgeschäft)?
● (Im Sportgeschäft) kauft man (Sportschuhe). Was kauft man …?

 **ECHO • Detektiv**

in + dative

m der Musikladen → **im** Musikladen
f die Bäckerei → **in der** Bäckerei
n das Kaufhaus → **im** Kaufhaus

im is short for **in dem**.

Lern weiter ➡ 2.3, Seite 124

Was	kauft man	im	Musikladen / Modegeschäft / Sportgeschäft / Kaufhaus?
		in der	Buchhandlung / Konditorei / Drogerie / Metzgerei / Bäckerei?

Kuchen / Sportschuhe / Würste / Make-up / Computerspiele / Kleidung / CDs / Brot / Bücher

lesen 4

Schreib die Liste ab. Lies den Text und korrigiere die sechs Fehler.
Copy the list. Read the text and correct the six mistakes.
Beispiel: ~~Kuchen~~ – T-Shirt

Modegeschäft
~~Kuchen~~
Jeans

Kaufhaus
Computerspiele

Sportgeschäft
Sportschuhe
Würste

Konditorei
CDs
Brot

Ich trage gern coole Kleidung, also gehe ich im Modegeschäft einkaufen. Ich kaufe dort ein T-Shirt und Jeans. Dann gehe ich im Kaufhaus einkaufen. Ich kaufe dort eine Jacke. Ich bin auch sportlich – ich spiele gern Tennis. Ich gehe im Sportgeschäft einkaufen. Dort kaufe ich Sportschuhe und Socken. Und was sonst? Ach ja, ich lese gern, also gehe ich in der Buchhandlung einkaufen. Dort kaufe ich Bücher und Comics.

sprechen 5

Partnerarbeit.

- ▪ Wo gehst du einkaufen?
- ● Ich gehe (im Musikladen) einkaufen.
- ▪ Was kaufst du dort?
- ● Ich kaufe dort (CDs).

schreiben 6

Beantworte die Fragen.
Beispiel: Ich lese gern. Ich gehe in der Buchhandlung einkaufen und ich kaufe dort ....
Ich ... auch gern ....

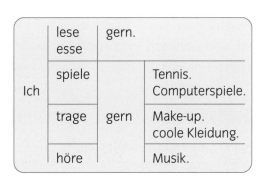

Was machst du gern?

Wo gehst du einkaufen?

Was kaufst du dort?

Ich	lese esse	gern.	
	spiele		Tennis. Computerspiele.
	trage	gern	Make-up. coole Kleidung.
	höre		Musik.

Before you start to write:
- ● use your dictionary to look up the words for things you like to buy
- ● check how to form the plurals of nouns
- ● think about which shop you would buy things in.

5 Taschengeld

Talking about pocket money
Working out words in context

hören 1

Hör zu und lies. Schreib die Tabelle ab und füll sie aus.

	bekommt ...	kauft / geht ...	spart auf ...?
Jonas	€50 / Monat	Zeitschriften, ...	
Katja			
Sophie			
Habib			

Taschengeld? Ich bekomme fünfzig Euro pro Monat. Ich kaufe Zeitschriften und ich gehe ins Sportzentrum. Ich spare auf ein Mountainbike.

Jonas

Ich bekomme dreiß[ig] Euro Taschengeld p[ro] Woche. Ich kaufe Schmuck und Make[-]up. Ich spare auch auf einen Musik-Player.

Katja

Ich bekomme zwanzig Euro Taschengeld pro Woche. Was kaufe ich damit? Ich kaufe Kleidung und ich gehe ins Kino. Ich spare auf einen Computer.

Ich bekomme vierzig Euro Taschengeld pro Monat. Ich kaufe Bücher und Computerspiele und spare auf ein Handy.

Sophie

Habib

lesen 2

Lies die Texte noch mal. Finde die Wörter.
Beispiel: Jonas – ich bekomme, ...

Jonas
I get
I'm saving for
magazines

Katja
jewellery
I'm also saving
an mp3 player

Sophie
per month
a mobile phone

Habib
What do I buy
  with it?
clothes

When you look for these phrases:
1 Look for cognates.
2 Use words you already understand to help you.
3 Work out words by a process of elimination.

2

Hör zu und mach Notizen. (1–4)

	bekommt ...	kauft / geht ...	spart auf ...
1	€100 / Monat	Zeitschriften, ...	

 sprechen 4

Klassenumfrage.
*Class survey. Use a table like the
one in exercise 3 to note your results.*

Ich bekomme	fünf Pfund	pro Woche / pro Monat.
Ich kaufe	Make-up / Schmuck / Kleidung. Computerspiele / Bücher / Zeitschriften.	
Ich gehe	ins Sportzentrum / Kino.	
Ich spare auf	einen Musik-Player / Computer. ein Handy / Mountainbike.	

▪ Wie viel Taschengeld bekommst du?
● Ich bekomme (10 Pfund pro Woche).
▪ Was kaufst du?
● Ich kaufe (Kleidung).
▪ Worauf sparst du?
● Ich spare auf (einen Musik-Player).

 hören 5

Hör zu und lies. Richtig oder falsch?

1 Christian didn't get any pocket money.
2 He has bought a drink today.
3 The magazine cost €4,50.

4 He has bought a book.
5 He has €3,10 left.
6 He needs €3,90 extra for the cinema.

Carolin:	Möchtest du ins Kino gehen?
Christian:	Äh, nein. Ich habe kein Geld.
Carolin:	Aber du hast gestern Taschengeld bekommen, oder?
Christian:	Ja, ich habe fünfundzwanzig Euro bekommen.
Carolin:	Und? Wo ist das Geld jetzt?
Christian:	Ich habe eine Cola gekauft. Sie hat zwei Euro vierzig gekostet. Ich habe eine Zeitschrift gekauft – sie hat vier Euro fünfzig gekostet. Dann habe ich eine CD gekauft. Sie hat fünfzehn Euro gekostet.
Carolin:	Also, du hast drei Euro zehn.
Christian:	Ja, aber das Kino kostet sieben Euro!
Carolin:	Hmm, ja, das ist ein Problem!

 lesen 6

Lies den Dialog noch mal. Finde die Verben im Perfekt.
Find the verbs in the perfect tense.
Beispiel: du hast ... bekommen, ...

> To identify the perfect tense, look for **haben** (**habe** / **hast** / **hat**) with a past participle later in the sentence.

 schreiben 7

Was hast du letzte Woche mit deinem Taschengeld gemacht?
What did you do with your pocket money last week?
Ich habe ... bekommen. Ich habe ... gekauft. Er / Sie / Es hat ... gekostet.

6 Einkaufsbummel

Saying what shops someone went to
Using *er* / *sie* in the perfect tense

hören 1 Hör zu und lies.

Carolin, Marta, Selim, Lena, Christian und Thomas haben alle 100 Euro zu Weihnachten bekommen. Sie sind einkaufen gegangen.

zu Weihnachten = *for Christmas*

Person A ist zum Sportgeschäft gegangen. Dort hat er / sie Sportschuhe gekauft. Dann hat er / sie Pommes gegessen und eine Cola getrunken. Er / Sie ist mit Person **F** ins Kino gegangen.

Person B ist zum Modegeschäft gegangen. Er / Sie hat eine Jacke gekauft. Dann hat er / sie ein Brötchen gegessen und Wasser getrunken.

Person C ist zum Computerladen gegangen. Er / Sie hat ein Computerspiel gekauft. Dann hat er / sie Pizza gegessen und Apfelsaft getrunken.

Person D ist zum Musikladen gegangen. Dort hat er / sie zwei Heavy-Metal-CDs gekauft. Er / Sie hat nichts gegessen oder getrunken.

Person E ist zur Drogerie gegangen. Dort hat er / sie Make-up gekauft. Er / Sie ist auch zum Kaufhaus gegangen. Dort hat er / sie ein Handy gekauft. Dann hat er / sie ein Sandwich gegessen und Limo getrunken.

Person F ist zur Buchhandlung gegangen. Er / Sie hat ein Buch über Fußball gekauft. Dann hat er / sie Hähnchen gegessen und Schoko-Milch getrunken. Er / Sie ist mit Person **A** ins Kino gegangen.

Selim findet Fußball sehr interessant, aber er hat keine Sportschuhe gekauft.

Carolin hat etwas gegessen. Sie hat ein Handy gekauft.

Marta hört gern Heavy Metal.

Thomas hat jetzt zweiunddreißig Euro.

Lena hat jetzt dreizehn Euro. Sie hat kein Make-up gekauft.

Christian hat einen Film gesehen. Er ist nicht zur Buchhandlung gegangen.

JUNGE MODE
Jacke........80,00

COMPUTERWELT
Computerspiel
............55,00

Café
Käsebrötchen.5,00
Wasser...........2,00

Café
Pizza...........10,00
Apfelsaft.......3,00

lesen 2

Kannst du das Rätsel lösen? *Can you solve the puzzle?*
Beispiel: Person A ist …

Logic puzzles are easier if you do them step-by-step:
1 Read the text and the clues very carefully.
2 Solve the easy problems first: *Carolin: bought mobile – must be person E!*
3 For the people you still don't know, write what you have learned about them.
4 Use your notes to work out the difficicult problems: *Selim: likes football – didn't buy trainers – isn't person A*

ECHO • Detektiv

zu + dative

m	**der** Musikladen	→ **zum** (= zu dem) Musikladen
f	**die** Bäckerei	→ **zur** (= zu der) Bäckerei
n	**das** Kaufhaus	→ **zum** (= zu dem) Kaufhaus

Lern weiter ➡ **2.3, Seite 124**

sprechen 3

Partnerarbeit. Wohin ist Katja gegangen? Was hat sie gekauft?

▪ Wohin ist Katja gegangen?
● *[Throws a 1]* Katja ist (zum Sportgeschäft) gegangen.
▪ Was hat sie dort gekauft?
● Dort hat sie (ein Skateboard) gekauft.
▪ *[Throws a 3]* Katja ist (zur Buchhandlung) gegangen.
● Was hat sie dort gekauft? Dort hat sie …

⚀	**Sportgeschäft**	
⚁	**Modegeschäft**	
⚂	**Buchhandlung**	
⚃	**Computerladen**	
⚄	**Markt**	
⚅	**Kaufhaus**	

Sie	ist	zum	Sportgeschäft …	gegangen.
		zur	Buchhandlung	
	hat	einen	Computer / Musik-Player	gekauft.
		eine	Jacke / CD / Zeitschrift	
		ein	Skateboard / T-Shirt / Handy	
			Schmuck / Sportschuhe / Äpfel / Orangen	

schreiben 4

Sascha Schicks Einkaufsbummel. Schreib eine Geschichte.
Sascha Schick's shopping trip. Write a story.
Beispiel: Sascha ist einkaufen gegangen. Sie ist zum Sportgeschäft gegangen.
Dort hat sie … gekauft. Dann …

Lernzieltest

Check that you can:

1
- Ask for some fruit and vegetables, saying how much you want
  Ich möchte vierhundert Gramm Erdbeeren, bitte.
- Ⓖ Use polite *Sie* to ask about things at a market
  Haben Sie Kirschen?

2
- Order food in a restaurant
  Ich möchte die Pizza und den Salat.
- Order drink
  Ich möchte eine Limo.
- Say what someone ate and drank
  Er / Sie hat die Pizza gegessen und eine Limo getrunken.

3
- Say what you like to eat and drink, using *gern*
  Ich esse gern Kuchen. Ich trinke gern Saft und Schoko-Milch.
- Say what you don't like to eat and drink, using *nicht gern*
  Ich esse nicht gern Schinken und Käse. Ich trinke nicht gern Cola.
- Ⓖ Say what food and drink isn't there, using *keinen / keine / kein*
  Es gibt keinen Schinken, keine Milch und kein Brot.

4
- Name some shops
  der Musikladen, die Buchhandlung, die Konditorei, die Drogerie, das Sportgeschäft, das Kaufhaus
- Ⓖ Say where you buy some things, using *in der / im* correctly
  Kleidung kauft man im Modegeschäft. Kuchen kauft man in der Konditorei.
- Say where you shop and what you buy there
  Ich gehe im Modegeschäft einkaufen. Ich kaufe dort Kleidung.

5
- Say how much pocket money you get per week / month
  Ich bekomme zwanzig Pfund Taschengeld pro Woche / Monat.
- Ask a friend how much pocket money they get
  Wie viel Taschengeld bekommst du?
- Say how much you got and what you bought
  Ich habe … bekommen, ich habe … gekauft.

6
- Say what shops someone went to
- Say what they bought there
  Timo ist zum Kaufhaus gegangen. er / sie hat … gekauft, er / sie ist … gegangen.

hören 1

Hör zu. Was kaufen sie?
Wie viel kostet das? (1–4)
Beispiel: 1 5 Orangen, 10 Bananen, €4,50

> Bananen Marmelade Champignons
> Milch Käse Orangen Schinken Zwiebeln

hören 2

Hör zu. Beantworte die Fragen.

1 Where is Marta? (*2 facts*)
2 What has Marta just bought?
3 What is Marta buying at the moment?
4 How much did the first item cost?
5 How much does the second item cost?
6 How much money does she have left?
7 Where does Marta's mum want her to go? (*2 places*)
8 What does she want Marta to buy? (*2 things*)

sprechen 3

Partnerarbeit. Mach Interviews.

> Wie viel Taschengeld bekommst du?

> Wo gehst du einkaufen?

> Was kaufst du?

> Was hast du diese Woche gekauft?

> Was hat das gekostet?

lesen 4

Ergänze den Brief.
(*The words are in the box, but there are three words too many.*)

> aber Brot Café Buch ich
> gegessen gekauft getrunken
> Make-up Handy In zum
> gegangen

Hi Maike,

heute habe __1__ viel gemacht. Im Musikladen
habe ich eine CD __2__ . In der Buchhandlung
habe ich ein __3__ gekauft.
Dann bin ich zur Drogerie __4__ . Dort habe
ich __5__ gekauft.
__6__ der Bäckerei habe ich __7__ gekauft.
Ist das alles? Nein. Im __8__ habe ich
ein Sandwich __9__ und Cola __10__ .

Deine Lisa

schreiben 5

Wohin bist du gegangen? Was hast du dort gekauft?
Beispiel: 1 a Ich bin zum Modegeschäft gegangen. Ich habe ... gekauft.

hören 1 Hör zu und lies.

Stuttgart, den 19. Dezember

Hallo Emily!

Nächste Woche ist Weihnachten — echt spitze!

In Deutschland ist Weihnachten am 24. Dezember, nicht am 25. Dezember. So feiern wir Weihnachten in meiner Familie:

Der 24. Dezember heißt Heiligabend. Am Morgen essen wir ein großes Frühstück. Dann dekorieren wir das Haus — mein Bruder dekoriert immer den Weihnachtsbaum. Am Nachmittag gehen wir in die Kirche — das finde ich furchtbar langweilig. Am Abend bekommen wir Geschenke, aber wir bekommen keine Weihnachtskarten. Dieses Jahr bekomme ich ein Handy und einen Musik-Player — hoffentlich! Wir essen Würstchen und Kartoffelsalat zum Abendessen. Dann singen wir Weihnachtslieder. Das ist so peinlich!

Am 25. Dezember besuchen wir meine Großeltern — Opa Hans und Oma Helga. Das finde ich super: Opa Hans ist toll. Er ist siebzig Jahre alt, aber er fährt gut Skateboard! Meine Tante und meine Cousinen sind auch dort. Am Morgen spielen wir Spiele — Monopoly oder Trivial Pursuit. Dann gibt es ein großes Mittagessen, aber wir essen eine Gans — wir essen keinen Truthahn wie in England. Am Nachmittag gibt es oft eine Schneeballschlacht — das ist immer lustig!

Wie feierst du Weihnachten? Schreib bald!

Frohe Weihnachten und ein glückliches neues Jahr!

Deine Marta

Germans only send Christmas cards to friends and relations who live far away.

In southern Germany it usually snows in the winter.

lesen 2 Beantworte die Fragen auf Englisch.

1 Find **four** things Marta's family does on Christmas Eve.
2 Find **two** things they eat on Christmas Eve.
3 Which members of their family get together on Christmas Day?
4 Find **two** things that Marta likes about Christmas and **two** things she doesn't like.

schreiben 3

Wie sagt man das auf Deutsch?
Beispiel: **1** Der 24. Dezember heißt Heiligabend.

1 The 24th of December is called Christmas Eve.
2 We put up decorations.
3 We decorate the Christmas tree.
4 We go to church.
5 We get presents.
6 We don't get any Christmas cards.
7 We sing Christmas carols.
8 We play games.
9 We eat goose.
10 There's a snowball fight.
11 Merry Christmas and Happy New Year!

hören 4

Hör zu und sing mit.

*Die schönste Zeit
ist die Weihnachtszeit
für mich.*
Das tolle Weihnachtsessen
Kann ich nicht vergessen.
Würstchen und Nachtisch sind köstlich
und der Weihnachtsbaum sehr festlich.
*Die schönste Zeit
ist die Weihnachtszeit
für mich.*
Wir singen Weihnachtslieder.
(Peinlich! Und immer wieder!)
Wir essen leck're Weihnachtsgans,
dann spiele ich mit Opa Hans.
*Die schönste Zeit
ist die Weihnachtszeit
für mich.*
Am Abend gibt's Geschenke.
Und wenn ich daran denke,
weiß ich, dass unser Weihnachtsbaum
so schön ist wie in einem Traum.
Die schönste Zeit ...

Auf dem Markt

Bitte sehr?
Haben Sie … ?
  Äpfel
  Bananen
  Birnen
  Champignons
  Erdbeeren
  Karotten
  Kartoffeln
  Kirschen
  Orangen
  Tomaten
  Trauben
  Zwiebeln
Ich möchte fünfzig
  Gramm (Kirschen),
  bitte.
  hundert Gramm
  zweihundert Gramm
  zweihundertfünfzig
  Gramm
  fünfhundert Gramm
  siebenhundertfünfzig
  Gramm
  ein Kilo
  zwei Kilo
Sonst noch etwas?
Das ist alles.
Das macht (neun)
  Euro (fünfzig), bitte.

At the market

Can I help you?
Do you have any … ?
  apples
  bananas
  pears
  mushrooms
  strawberries
  carrots
  potatoes
  cherries
  oranges
  tomatoes
  grapes
  onions
I'd like 50 g of (cherries),
  please.

  100 g
  200 g
  250 g

  500 g
  750 g

  1 kg
  2 kg
Anything else?
That's all.
That will be (nine) euros
  (fifty), please.

Im Café

Was möchtest du … ?
  als Vorspeise
  als Hauptgericht
  als Nachtisch
Was möchtest du
  trinken?
Ich möchte …
  den Fisch.
  den Salat.
  die Pizza.
  die Tomatensuppe.
  die Torte.

In the café

What would you like … ?
  as a starter
  as a main course
  as dessert
What would you like to
  drink?
I'd like …
  the fish.
  the salad.
  the pizza.
  the tomato soup.
  the cake / gateau.

  das Eis.
  das Hähnchen.
  das Steak.
  einen Milchshake.
  eine Limo.
  ein Mineralwasser.
Nichts, danke.

  the ice-cream.
  the chicken.
  the steak.
  a milkshake.
  a lemonade.
  a mineral water.
Nothing, thanks.

Was hast du gegessen / getrunken?

Ich habe (die Pizza)
  gegessen.
Ich habe (eine Cola)
  getrunken.
Er / Sie hat (den Salat)
  gegessen.
Er / Sie hat (eine Limo)
  getrunken.
Das war lecker!

What did you have to eat / drink?

I had (the pizza).

I drank (a cola).

He / She had (the salad).

*He / She drank
  (a lemonade).*
It was delicious!

Was isst / trinkst du gern?

Ich esse gern …
Ich esse nicht gern …
  Brot.
  Joghurt.
  Käse.
  Kuchen.
  Marmelade.
  Schinken.
Ich trinke gern (Saft).
Ich trinke nicht gern
  (Cola).

What do you like to eat / drink?

I like (eating) …
I don't like (eating) …
  bread.
  yoghurt.
  cheese.
  cake.
  jam.
  ham.
I like drinking (juice).
*I don't like drinking
  (cola).*

Was gibt es nicht?

Es gibt …
  keinen Joghurt.
  kein Brot.

What isn't there?

There isn't any …
  yoghurt.
  bread.

Wo kauft man das?

Wo kauft man (Brot)?

  Bücher

Where do you buy that?

*Where do you buy
  (bread)?*
  books

CDs	CDs
Computerspiele	computer games
Kleidung	clothes
Kuchen	cake
Make-up	make-up
Sportschuhe	trainers
Würste	sausages
(Brot) kauft man …	You buy (bread) …
(in der Bäckerei).	(in the bakery).
im Modegeschäft.	in the clothes shop.
im Musikladen.	in the music shop.
im Sportgeschäft.	in the sports shop.
im Kaufhaus.	in the department store.
in der Buchhandlung.	in the bookshop.
in der Drogerie.	in the drugstore.
in der Konditorei.	in the cake shop.
in der Metzgerei.	at the butcher's.
Wo gehst du einkaufen?	Where do you go shopping?
Ich gehe (im Kaufhaus) einkaufen.	I go shopping (in the department store.)
Was kaufst du dort?	What do you buy there?
Ich kaufe dort (CDs).	I buy (CDs) there.

Wie viel Taschengeld bekommst du? — **How much pocket money do you get?**

Ich bekomme (fünf Pfund) pro Woche.	I get (five pounds) a week.
Ich bekomme (zwanzig Pfund) pro Monat.	I get (twenty pounds) a month.
Was kaufst du?	What do you buy?
Ich kaufe …	I buy …
Bücher.	books.
Computerspiele.	computer games.
Kleidung.	clothes.
Make-up.	make-up.
Schmuck.	jewellery.
Zeitschriften.	magazines.
Ich gehe ins Kino.	I go to the cinema.
Ich gehe ins Sportzentrum.	I go to the sports centre.
Worauf sparst du?	What are you saving for?
Ich spare auf …	I'm saving for …
einen Computer.	a computer.
einen Musik-Player.	an mp3 player.

ein Handy.	a mobile phone.
ein Mountainbike.	a mountain bike.
Ich habe (zehn Pfund) bekommen.	I got (ten pounds).
Ich habe (Make-up) gekauft.	I bought (make-up).
Das hat (fünf Pfund) gekostet.	That cost (five pounds).

Einkaufsbummel — **Shopping trip**

Er / Sie ist … gegangen.	He / She went …
zum Computerladen.	to the computer shop.
zum Kaufhaus.	to the department store.
zum Markt.	to the market.
zum Modegeschäft.	to the clothes shop.
zum Sportgeschäft.	to the sports shop.
zur Buchhandlung.	to the bookshop.
Er / Sie hat … gekauft.	He / She bought …
einen Musik-Player	an mp3 player.
eine Jacke	a jacket.
ein Skateboard	a skateboard.
Schmuck	jewellery.

Strategie 2

Take the work out of it

When you're learning lots of new words in German, take the work out of it! Divide your list of new words into the ones that are no trouble, and the ones that will be harder.

Cognates like *Tomaten* or *Bananen* are easy. For these, try to remember differences between the German and the English. Put the German word into an English sentence to see how funny it sounds and to help you remember it:

*Hello. I'd like 5 kilos of **Tomaten** please.*

Now for the harder ones. First look at the German and try to remember the English. Test yourself on that a few times. After you've done that, see how much you can remember, looking at the English only.

3 Nach der Schule

1 Siehst du gern Krimis?

Talking about different types of TV programme
Saying what you like or prefer using *gern* and *lieber*

 1 Hör zu. Welche Sendung ist das? (1–10)
Beispiel: **1** d

 **a** der Film(-e)

b der Dokumentarfilm(-e)

c der Zeichentrickfilm(-e)

 **d** der Krimi(-s)

 **e** die Kindersendung(-en)

f die Musiksendung(-en)

g die Quizsendung(-en)

 **h** die Sportsendung(-en)

 **i** die Tiersendung(-en)

 **j** die Seifenoper(-n)

 **k** die Komödie(-n)

 **l** die Nachrichten *(pl)*

 2 Hör zu und lies. Schreib die Tabelle ab und füll sie aus. (1–3)

1 Ich sehe gern Seifenopern, aber ich sehe lieber Zeichentrickfilme. Ich sehe nicht so gern die Nachrichten.

2 Ich sehe gern Filme, aber ich sehe lieber Sportsendungen. Ich sehe nicht so gern Kindersendungen.

3 Ich sehe gern Musiksendungen, aber ich sehe lieber Tiersendungen. Dokumentarfilme sehe ich nicht so gern.

1	j		
2			
3			

3 Schreib Sätze.
Beispiel: Ich sehe gern ..., aber ich sehe lieber ... Ich sehe nicht so gern ...

⊙ ECHO·Detektiv

Likes and dislikes

 Ich sehe **gern** ...
= I **like** watching ...

Ich sehe **lieber** ...
= I **prefer** watching ...

Ich sehe **nicht so gern** ...
= I **don't really like** watching ...

Lern weiter ➡ 9, Seite 134

Hör zu. Was sind ihre Lieblingssendungen? Wie finden sie die Sendungen? (1–5)
Listen. What is their favourite kind of programme? What do they think of it?
Beispiel: **1** eine Tiersendung, süß

Was ist deine Lieblingssendung?	
Was für eine Sendung ist das?	
Das ist ein	Krimi / Film / Dokumentarfilm / Zeichentrickfilm.
Das ist eine	Seifenoper. Komödie. Kindersendung. Musiksendung. Sportsendung. Tiersendung. Quizsendung.
Ich finde die Sendung	toll / lustig / süß / interessant / gut.

sprechen **5**

Mach eine Umfrage. Schreib die Antworten auf.
Do a survey about TV programmes. Note the replies.

■ Was ist deine Lieblingssendung?
● Meine Lieblingssendung ist (*Top of the Pops*).
■ Was für eine Sendung ist das?
● Das ist (eine Musiksendung).
■ Wie findest du die Sendung?
● Ich finde sie (toll).

lesen **6**

Lies die Texte. Alex oder Stefanie?

a Ich sehe jeden Tag fern. Ich sehe nicht so gern Dokumentarfilme. Ich sehe lieber Komödien und Sportsendungen. Meine Lieblingssendung heißt „Sportschau", am Samstag um neunzehn Uhr. Das ist natürlich eine Sportsendung. Ich finde sie wirklich toll.

b Ich sehe zweimal pro Woche fern. Meine Eltern sehen immer die Nachrichten, aber das finde ich langweilig. Ich sehe lieber Zeichentrickfilme – sie sind so lustig. Meine Lieblingssendung – „Lindenstraße" – kommt am Mittwoch um zwanzig Uhr. Das ist eine Seifenoper und ich finde sie super. Ich sehe auch gern Tiersendungen.

Alex

Stefanie

lesen **7**

Lies die Texte noch mal. Beantworte die Fragen.

1 Wer findet Sportsendungen toll?
2 Wer sieht nicht so oft fern?
3 Wer sieht mittwochs um zwanzig Uhr fern?
4 Wer sieht nicht so gern Dokumentarfilme?
5 Wer sieht gern Komödien?
6 Wer mag die Nachrichten nicht?

Schreib einige Sätze über das Fernsehen.
Write a few sentences about television.
Beispiel: Ich sehe jeden Tag fern. Ich sehe gern Sportsendungen und ...

Ich sehe ... fern.
Ich sehe nicht so gern ..., aber ...
Ich sehe lieber ...
Meine Lieblingssendung ist ...
Das ist am ... um ... Uhr.
Das ist ein(e) ...
Ich finde die Sendung ... und auch ...
Ich sehe auch gern ...

lesen 1

Lies das Fernsehprogramm und füll die
Lücken ① – ⑥ aus.
Beispiel: 1 Quizsendung

> Sportsendung
> Tiersendung
> Seifenoper
> Musiksendung
> Zeichentrickfilm
> Quizsendung

Fernsehprogramm für Mittwoch

ARD

18:00
Das Quiz
mit Jörg Plansch
① _____

19:00
Musik-Box
③ _____

20:00
Lindenstraße
⑤ _____

zdf

18:00
Sport Extra
② _____

19:00
Die Simpsons
④ _____

20:00
Gorillas aus
Afrika
⑥ _____

RTL

★7 _____
Guten-Abend-
Report
Nachrichten

★9 _____
Wolffs Revier
Krimi

★11 _____
Shrek 2
Film

SAT 1

★8 _____
Bob der
Baumeister
Kindersendung

★10 _____
Was guckst du?!
Komödie

★12 _____
Der letzte
deutsche
Kaiser, Wilhelm II
Dokumentarfilm

 hören 2

Hör zu und überprüfe es.

hören 3

Hör zu. Jetzt füll die Lücken ★7 – ★12 aus.
Beispiel: 7 18:30 Uhr

hören **4** Hör zu und wiederhole.

Seemänner segeln und suchen die Sonne.

Spanische Spinnen spielen spannende Spiele.

German **s** is pronounced like English *z*, except at the end of a word.

To say **sp** in German, make a *shp* sound.

sprechen **5** Partnerarbeit.

- ▢ Was kommt um (achtzehn) Uhr (im ZDF)?
- ● Das ist („Sport Extra").
- ▢ Was für eine Sendung ist das?
- ● Das ist (eine Sportsendung).

in der ARD
im ZDF
in RTL
in SAT1

schreiben **6** Bilde sechs Fragen und beantworte sie. *Make six questions and answer them.*
Beispiel: 1 Wann beginnt die Quizsendung? Die Quizsendung beginnt um 18:00 Uhr.

Wann   eine Sendung ist „Lindenstraße"?

Was   kommt um halb acht in SAT 1?   endet der Krimi?

Wie   kann man die Nachrichten sehen?

Was für   beginnt die Quizsendung?   heißt der Film?

hören **7** Hör zu. Schreib die Tabelle ab und füll sie aus. (1–5)

	Sendung	Uhrzeit	Meinung
1	Komödie	19:30	doof, zu lang

sprechen **8** Gruppenarbeit. Mach eine Umfrage und schreib die Antworten auf.

- ▢ Was hast du gestern Abend gesehen?
- ● Ich habe („EastEnders") gesehen. Das war (toll).
- ▢ Wann hast du das gesehen?
- ● Um … Uhr.

Was hast du gestern Abend gesehen?

Ich habe … gesehen.

Das war toll / interessant / lustig / spannend / doof / zu lang / langweilig.

Ich habe (gar) nichts gesehen.

Wann hast du das gesehen?

schreiben **9** Was hast du am Wochenende gesehen? Schreib einen Absatz.

Ich habe … gesehen. Das ist eine Seifenoper. Das war … Ich habe auch … gesehen … .

3 Ich schicke SMS

Saying what you and your friends do after school
Using *sie* (they)

lesen 1 **Was passt zusammen?**
Beispiel: a Ich mache meine Hausaufgaben.

Ich besuche meine Freunde.
Ich gehe einkaufen.
Ich gehe ins Sportzentrum.
Ich helfe zu Hause.
Ich mache meine Hausaufgaben.
Ich sehe fern.
Ich spiele Fußball.
Ich surfe im Internet.
Ich schicke SMS.
Ich übe Klavier.

hören 2 **Hör zu. Was machen sie nach der Schule? Wie oft machen sie das? (1–4)**
Beispiel: 1 Christian
    d – oft
    i – manchmal
    …

Christian
Lena
Thomas
Carolin

Useful words and phrases for saying how often you do something:
immer = *always*
oft = *often*
manchmal = *sometimes*
ab und zu = *now and then*
nie = *never*

Use them just after the verb:

Ich helfe **manchmal** zu Hause.
Ich gehe **oft** einkaufen.

sprechen 3 **Partnerarbeit.**

▪ Was machst du nach der Schule?
● Ich (gehe manchmal einkaufen).
▪ Das ist (i).

schreiben 4 **Schreib einen Satz für jedes Bild aus Aufgabe 1.**
Write a sentence about yourself for each picture in exercise 1.
(*Use* immer, oft, manchmal, ab und zu *and* nie.)
Beispiel: a Ich mache immer meine Hausaufgaben.

5 **Hör zu und lies.** *Listen to the poems, then read them aloud.*

Schwestern!
Sie schicken immer SMS,
Sie üben oft Klavier,
Sie gehen manchmal in die Stadt,
Sie spielen nie mit mir …

Sie kaufen immer Make-up,
Sie hören oft Musik,
Sie sprechen über Jungen.
Schrecklich, finde ich!

Brüder!
Sie fahren immer Skateboard,
Sie sehen zu oft fern,
Sie sprechen über Fußball,
Sie waschen sich nicht gern!

Sie helfen nie zu Hause,
Sie spielen laut Musik,
Sie gehen manchmal angeln.
Schrecklich, finde ich!

 6 **Finde in den Gedichten die folgenden Wortgruppen.**
Find the following phrases in the poems.

1 They go into town.
2 They talk about boys.
3 They play music.
4 They go fishing.
5 They buy make-up.
6 They watch TV.

ECHO·Detektiv

sie = they
sie, meaning 'they', has the same verb ending as **wir** (it's the same as the infinitive):

Sie spiel**en** Tennis. = *They play tennis.*
Sie surf**en** im Internet. = *They surf the Internet.*
Sie seh**en** fern. = *They watch TV.*

 7 **Was machen deine Freunde nach der Schule? Schreib fünf Sätze.**
Beispiel: Meine Freunde schicken SMS und sie ….
Sie gehen manchmal einkaufen und sie … auch ….

✓ Mini-Test • Check that you can

❶ Say which types of TV programme you like
❷ Ask someone about their favourite TV programme
❸ Say what you watched on TV last night
❹ Say what you do after school
❺ Say how often you do something, using *immer, manchmal, nie*
❻ Talk about what your friends do, using *sie*

SPORTMAGAZIN INTERVIEWT: INGO STRASSER

a Ingo, wie alt bist du?
Ich bin jetzt siebzehn Jahre alt.

b Und wo wohnst du?
Ich wohne im Norden, in der Nähe von Hamburg. Ich gehe in Hamburg zur Schule.

c Was machst du nach der Schule?
Ich fahre Skateboard. Also, ich bin Skater. Skateboard fahren ist fantastisch! Ich möchte Profi-Skater werden.

d Wie ist die Trainingsroutine?
Es ist manchmal schwierig. Ich muss jeden Tag trainieren. Ich muss jeden Tag nach der Schule von zwei Uhr bis vier Uhr üben. Abends muss ich auch trainieren. Am Wochenende muss ich zu Skateshows fahren.

e Was brauchst du zum Skaten?
Ich brauche ein gutes Skateboard! Was noch? Ich muss einen Helm tragen. Ich muss für meine Knie und Ellenbogen auch Schützer tragen. Skateboard fahren ist gefährlich.

f Ist Skateboard fahren schwierig?
Ja, die Tricks sind schwierig! Ich muss sehr fit sein. Meine Lieblingstricks sind Sliden und Grinden. Ich mag auch Heelflips und Kickflips.

g Wie ist dein Charakter?
O ..., ähm ..., schwierige Frage. Also, ich bin impulsiv und ziemlich ehrgeizig – das ist gut im Sport.

h Warum skatest du?
Es macht Spaß! Ich habe beim Skaten viele neue Freunde gefunden!

Danke, Ingo.

hören 1 **Hör zu und lies. Welcher Absatz ist das?**
Beispiel: 1 d

1 Ingo's training routine
2 his ambition
3 his favourite tricks
4 why he does it
5 the equipment he needs

werden = *become*
üben = *practise*
brauchst = *(you) need*
Schützer = *pads*
gefährlich = *dangerous*
Es macht Spaß = *It's fun*

lesen **2** Schreib die Info-Karte ab und füll sie aus.

lesen **3** Finde diese Wörter im Interview.
Find the German for these in the interview.
Beispiel: Profi-Skater

1 professional skater
2 to train (*infinitive*)
3 skateboarding shows
4 helmet
5 elbows
6 favourite tricks
7 impulsive and ambitious

Info-Karte

Name:	Ingo Strasser
Alter:	
Wohnort:	
Charakter:	
Hobby:	
Er braucht:	ein Skateboard, ...
Lieblingstricks:	
Meinung:	es macht Spaß, ...

schreiben **4** Was muss Ingo machen? Schreib Sätze.
Beispiel: Er muss jeden Tag trainieren.

Er muss

jeden Tag
zwischen zwei und vier Uhr
einen Helm
zu Skateshows
sehr fit

sein.
trainieren.
tragen.
fahren.
üben.

sprechen **5** Partnerarbeit: Stell Fragen über Ingo und beantworte sie.

Wie alt ist Ingo?
Wo wohnt er?
Wie oft muss er trainieren?
Was macht er am Wochenende?
Was braucht er zum Skaten?
Was sind seine Lieblingstricks?
Wie ist er?
Wie findet er Skateboard fahren?

ECHO·Detektiv

müssen = *must*

ich muss
er / sie muss

This is a modal verb. Use it with an infinitive, which goes at the end of the sentence:
Ich muss jeden Tag **trainieren**.

Lern weiter ➡ 5.5, Seite 128

schreiben **6** Schreib einen Absatz über Ingo.
Beispiel: Ingo Strasser ist Skater und er wohnt in Hamburg. Er ...

5 Ausflug in den Schwarzwald

Talking about an after-school trip
Using the perfect tense with *wir* (we)

hören 1 Hör zu. Ordne die Bilder.
Beispiel: f, ...

sprechen 2 Partnerarbeit. Bilde Sätze mit „wir".

- Bild f.
- Wir sind in den Schwarzwald gefahren.
- Bild b.
- Wir haben im Bus Chips gegessen.

Wir sind	in den Schwarzwald mit dem Bus		gefahren.
Wir haben	im Bus	SMS	geschickt.
		Chips	gegessen.
		Bücher	gelesen.
		Musik	gehört.

schreiben 3 Schreib Untertitel für die Bilder aus Aufgabe 1.
*Beispiel: **a** Wir haben im Bus Musik gehört.*

hören 4 Hör zu. Schreib die Tabelle ab und füll sie aus.

Bus   Zug   Straßenbahn
Schloss   Museum   Wasserpark

	Wie?	Wohin?	Die Reise
1	Zug	Wasserpark	Musik gehört ...
2			
3			

lesen 5 Lies die Texte auf Seite 51. Wer sagt das?
Lena, Thomas oder Marta?
*Beispiel: **1** Marta*

1 2 3 4

5 6 7 8

ECHO • Detektiv

Using the perfect tense with *wir*

Wir haben ... gehört / gemacht / gegesse

Wir sind ... gegangen / gefahren.

Lern weiter ➡ 5.10, Seite 130

Lena

Wir sind nach der Schule mit dem Bus in den Schwarzwald gefahren. Wir haben im Bus gelesen. Wir haben auch SMS geschickt. Wir haben Brötchen gegessen und Limo getrunken. Die Reise war nicht zu lang — nur eine Stunde.

Der Nachmittag im Schwarzwald war toll! Wir sind wandern gegangen. Wir sind um Viertel vor vier mit der Gruppe schwimmen gegangen. Wir haben in einem Café Schwarzwälder Kirschtorte gegessen – hmm, das war lecker!

Thomas

Marta

Carolin und ich haben eine Mountainbiketour im Schwarzwald gemacht. Das war prima! Wir sind um Viertel nach sechs abends mit dem Bus nach Hause gefahren. Wir haben im Bus geschlafen. Wir waren sehr müde!

lesen 6

Finde das in den Texten.

Beispiel: **1** Wir sind wandern gegangen.

1 We went hiking.
2 We slept in the bus.
3 We ate Black Forest gateau.
4 We went swimming.
5 We drank lemonade.
6 We read in the bus.

eine Stunde = *one hour*

Schwarzwälder Kirschtorte
Black Forest gateau is a chocolate cake *(Torte)* with cherries *(Kirschen)* soaked in liqueur, and plenty of cream on top. Have you tried it?

schreiben 7

Sätze mit „wir". Füll die Lücken aus.

Beispiel: **1** Wir sind am Samstag mit dem Zug nach London gefahren.

1 __ __ am Samstag mit dem Zug nach London __ .
2 __ __ um ein Uhr mit Jessica in McDonalds __ .
3 __ __ am Nachmittag mit der Gruppe in der Oxford Street einkaufen __ .
4 __ __ um drei Uhr mit Andreas Schuhe im Sportgeschäft __ .
5 __ __ um fünf Uhr mit der U-Bahn zum Bahnhof __ .

Wir haben	Wir haben	
Wir sind	Wir sind	Wir sind
gegessen	gefahren	gekauft
gegangen	gefahren	

ECHO • Detektiv

Word order: time, manner, place

In longer sentences, make sure you organise the information like this:

When? → How? → Where?
(Time)   (Manner)   (Place)

Ich bin am Montag mit dem Auto nach Bristol gefahren.
        (Time)   (Manner)   (Place)

schreiben 8

Füll die Tabelle mit den Sätzen aus Aufgabe 7 aus.

Complete the grid using the sentences from exercise 7.

	Time	Manner	Place
1	am Samstag	mit dem Zug	nach London

Lern weiter ➡ 7.3, Seite 133

hören 1 Hör zu. Finde die richtige Antwort.

Polizei? Hilfe!

Ich bin der Polizeichef, Inspektor Diebfänger.

weg = *gone*

1 Die Frau heißt …
  a Leberschneider   b Leserbeider   c Lederseider.

2 Sie wohnt in der …
  a Schottlandstraße   b Hollandstraße   c Englandstraße.

3 Die Ohrringe waren …
  a auf dem Dachboden   b im Schlafzimmer   c im Wohnzimmer.

4 Die Ohrringe sind …
  a aus Silber   b aus Gold   c mit Diamanten.

hören 2 Hör zu und lies. Schreib die Tabelle ab und füll sie aus.

Name?	Wann?	Wo?	Details?

Ralf Reichmann, 68
Am Freitagnachmittag? Nein, ich war nicht in der Englandstraße. Ich war zwischen 14:00 und 16:00 Uhr zu Hause. Ich habe einen Film auf DVD gesehen (einen tollen Krimi). Ich habe sechs Flaschen Bier getrunken und vier Tüten Chips gegessen. Ich esse sehr gern Chips! Ich habe auch zwanzig Minuten geschlafen.

Ursula Unehrlich, 42
Also nein, ich war natürlich nicht am Freitagnachmittag in der Englandstraße. Ich bin um 15:00 Uhr in die Stadt gegangen. Ich habe meine Freundin Erika getroffen. Ich habe im Supermarkt Cola gekauft. Ich habe in der Bäckerei auch eine schöne Erdbeertorte gekauft. Ich bin um 17:30 Uhr nach Hause gekommen.

Wilhelm Wunderkind, 19
Tja, ich war am Freitagnachmittag nicht in der Nähe der Englandstraße. Ich bin um 14:00 Uhr mit dem Auto nach Pforzheim gefahren. Das ist dreißig Minuten von hier. Ich habe dort meine Großmutter besucht. Um 16:30 Uhr bin ich nach Hause gefahren.

3 Lies die Fragen und mach Notizen für Ralf, Ursula und Wilhelm.

1 Ralf, was hast du am Freitagnachmittag gegessen?

3 Ursula, wann bist du in die Stadt gegangen?

5 Wilhelm, wie bist du nach Pforzheim gefahren?

2 Ralf, wie lange hast du am Freitagnachmittag geschlafen?

4 Ursula, was hast du am Freitagnachmittag gekauft?

6 Wilhelm, was hast du in Pforzheim gemacht?

 4 Partnerarbeit: beantworte die Fragen oben.
■ Ralf, was hast du am Freitagnachmittag gegessen?
● (*Checks notes*) Ich habe … gegessen.

 **5** Ralf, Ursula oder Wilhelm?

1 Wer hat eine Freundin getroffen?
2 Wer hat seine Oma besucht?
3 Wer hat eine Torte gekauft?
4 Wer hat Bier getrunken?
5 Wer ist um halb fünf nach Hause gefahren?
6 Wer hat einen Krimi gesehen?

ECHO·Detektiv

ich and *er / sie* forms in the perfect tense

Ich **habe**	gekauft / gemacht / gegessen /
Er / Sie **hat**	geschlafen / gesehen / getrunken / getroffen / besucht.
Ich **bin**	gegangen / gefahren / gekommen.
Er / Sie **ist**	

 6 Füll die Lücken im Bericht aus. Wer hat das beste Alibi?
Fill in the gaps in the report. Who has the best alibi?
*Beispiel: Ralf Reichman **hat** einen Film auf DVD **gesehen**. Er **hat** …*

a
Ralf Reichmann __1__ einen Film auf DVD __2__. Er __3__ sechs Flaschen Bier __4__. Er __5__ vier Tüten Chips __6__. Er __7__ zwanzig Minuten __8__.

b
Ursula Unehrlich __9__ in die Stadt __10__. Sie __11__ eine Freundin __12__. Sie __13__ Cola und eine Erdbeertorte __14__.

c
Wilhelm Wunderkind __15__ mit dem Auto nach Pforzheim __16__. Er __17__ seine Großmutter __18__. Er __19__ um 16:30 Uhr nach Hause __20__.

 7 Um wie viel Uhr war der Dieb im Haus? Lös die Anagramme.
Solve the anagrams to find out when the theft took place.

 8 Was sagt Inspektor Diebfänger? →
Write out this final clue.

 9 Wer ist der Dieb?
Who is the thief?

Lernzieltest

Check that you can:

1
- List six types of TV programme — *Kindersendung, Tiersendung, …*
- Say which types of TV programmes you prefer, using *gern* and *lieber* — *Ich sehe gern Seifenopern, aber ich sehe lieber Sportsendungen.*
- Ⓖ Use *ein* and *eine* correctly — *Das ist ein Film, das ist eine Musiksendung.*

2
- Ask about what's on TV — *Was kommt um achtzehn Uhr?*
- Ask what kind of programme it is — *Was für eine Sendung ist das?*
- Ⓖ Say what you watched last night, using the perfect tense — *Ich habe eine Tiersendung gesehen.*
- Say what you thought about it — *Das war lustig; das war spannend.*

3
- List four things you do after school — *Ich mache meine Hausaufgaben. Ich schicke SMS.*
- Say how often you do things — *Ich surfe immer im Internet. Ich sehe manchmal fern. Ich übe nie Klavier.*
- Ⓖ Say what your friends do, using *sie* — *Sie helfen zu Hause, sie gehen einkaufen.*

4
- Ask questions about a sportsperson using the question words *Wie? Wo?* and *Was?* — *Wie alt ist er? Wo wohnt sie? Was braucht er?*
- Ⓖ Use the verb *müssen* correctly with an infinitive — *Ich muss zur Schule gehen. Er muss jeden Tag trainieren.*

5
- Say what you did with friends on a trip — *Wir sind nach London gefahren. Wir haben Chips gegessen.*
- Ⓖ Organise your sentences using the 'time, manner, place' rule — *Ich bin am Samstag mit dem Bus nach London gefahren.*

6
- Ⓖ Use verbs in the perfect tense with *ich* and *er / sie* — *Ich habe Chips gegessen. Er hat Chips gegessen. Ich bin in die Stadt gegangen. Sie ist in die Stadt gegangen.*

1

Hör zu. Was haben sie gesehen? Wie war es? (1–6)
Beispiel: 1 – c, interessant

sehr gut
interessant
toll lustig
langweilig
spannend

sprechen 2

Partnerarbeit.

- Was machst du nach der Schule?
- Ich (mache meine Hausaufgaben) und ich (gehe einkaufen).

lesen 3

Richtig (R) oder falsch (F)? Korrigiere die falschen Sätze.

Die Schule endet um 13:00 Uhr. Nach der Schule mache ich immer meine Hausaufgaben. Dann schicke ich oft SMS und manchmal gehe ich einkaufen. Gestern bin ich mit Katja einkaufen gegangen. Wir sind mit dem Fahrrad in die Stadt gefahren. Ich habe ein T-Shirt und Ohrringe gekauft. Sie sind toll! Dann sind wir in ein Café gegangen. Katja hat Kaffee getrunken, aber ich trinke lieber Cola. Wir sind um 17:00 Uhr nach Hause gefahren.

Fairuza

1 Die Schule endet um ein Uhr.
2 Fairuza macht nie die Hausaufgaben.
3 Sie geht immer einkaufen.
4 Katja und Fairuza sind mit dem Bus in die Stadt gefahren.
5 Fairuza hat ein tolles T-Shirt gekauft.
6 Katja trinkt lieber Saft.

 4

Beantworte die Fragen.

1 Was ist deine Lieblingssendung? Was für eine Sendung ist das?
2 Siehst du lieber Zeichentrickfilme oder Quizsendungen?
3 Wie oft musst du zu Hause helfen?
4 Machst du immer deine Hausaufgaben?
5 Was machen deine Freunde nach der Schule? Sie ...
6 Was hast du am Wochenende mit deinen Freunden gemacht? Wir ...

lesen 1

Was passt zusammen?

1 Der Herr der Ringe – die Gefährten (ab 12)
2 Findet Nemo (o. A.)
3 Sieben Jahre in Tibet (ab 12)

lesen 2

Wie heißen diese Filme auf Englisch?
What are these films called in English?

Kinozentrum Stuttgart

a **Spider-Man 2**, mit Tobey Maguire
(ab 12), 14:00, 16:30
Fantasiefilm

b **Unter der Sonne der Toskana**
(ab 12), 19:00, 21:00
Drama

c **Tatsächlich … Liebe**, mit Hugh Grant.
(ab 6), 15:15, 19:00, 22:00
Liebesfilm / Komödie

d **Unterwegs nach Cold Mountain**, mit Nicole
Kidman (ab 16) 20:00
Abenteuerfilm

e **Der Herr der Ringe – die
Gefährten** (ab 12) 13:30, 18:15
Sciencefictionfilm

f **König der Löwen 3: Hakuna Matata**
(o.A) 14:20, 16:30
Zeichentrickfilm

Lord of the Rings:
The Fellowship of the Ring

Under the Tuscan Sun

Cold Mountain

The Lion King 3

Spider-Man 2

Love Actually

In Germany you have to be a
certain age to see some films.

o. A. = ohne Altersbeschränkung
(no minimum age)
ab 6 = ab 6 Jahren
ab 12 = ab 12 Jahren
ab 16 = ab 16 Jahren

hören 3

Hör zu. Welche drei Filme sehen sie? Um wie viel Uhr?
Listen. Which three films do they see? At what time?

4 Gruppenarbeit. Mach Pläne.

- ■ Was für Filme siehst du gern?
- ● Ich sehe gern (Fantasiefilme).
- ▲ Ich auch. Sehen wir um zwei Uhr („Spider-Man 2")?
- ■ Ja, das geht, der Film ist „ab 12".
- ● Prima Idee! Ich sehe auch gern (Komödien).
- ■ Sehen wir … ?

> Ich sehe (nicht so) gern …
> Komödien / Dramen /
> Abenteuerfilme / Fantasiefilme / Liebesfilme /
> Sciencefictionfilme / Zeichentrickfilme.
>
> Sehen wir …?
>
> Ja, das geht. Der Film ist „ab 12".
>
> Nein, das geht nicht. Der Film ist „ab 16".

 5 Lies den Text und beantworte die Fragen.

Ich gehe einmal pro Monat ins Kino. Das kostet zehn Euro. Das Kino in der Stadt ist nicht sehr groß, aber es hat gute Filme. Am Wochenende sehe ich mit meinen Freunden zu Hause auch DVDs. Wir sehen gern Zeichentrickfilme und Komödien. Ich sehe nicht so gern Sciencefictionfilme, aber mein Cousin findet sie toll. Er sieht auch gern Horrorfilme – schrecklich! Er hat zwanzig Horrorfilme auf DVD. Mein Lieblingsfilm ist ziemlich alt. Er heißt „Shrek 2". Er ist süß und ich finde die Geschichte sehr lustig. Ich mag auch „Tatsächlich … Liebe" mit Hugh Grant. Letztes Wochenende haben wir „Das Dschungelbuch" auf DVD gesehen. Die Tiere und die Musik sind wirklich gut. Wir haben alle mitgesungen!

Das Dschungelbuch = *Jungle Book*

1. How often does Katja go to the cinema?
2. Give **three** details about her local cinema.
3. Name **two** types of film she watches with her friends.
4. What type of film doesn't Katja like watching?
5. What does her cousin have on DVD?
6. Why does Katja like 'Shrek 2'?
7. What did she watch last weekend?
8. What did she think of it?

> **Different meanings**
> Depending on the context, **Geschichte** can mean 'history' or 'story'. Which do you think it means here?

 6 Lies den Text noch mal. Bilde sechs Sätze.

Beispiel: **1** Katja sieht nicht so gern Sciencefictionfilme.

Katja	haben	DVDs zu Hause
Ihr Cousin	sieht gern	Horrorfilme
Katja und ihre Freunde	sieht nicht so gern	„das Dschungelbuch" gesehen
	sehen gern	„Shrek 2" süß und lustig
	findet	Sciencefictionfilme
	hat	20 Filme auf DVD

 7 Schreib einen Absatz über das Kino.

Ich gehe … ins Kino. Ich sehe … DVDs. Ich sehe gern … Ich sehe nicht so gern … Mein Lieblingsfilm ist … , mit …. Ich finde es … Ich mag auch … Am Wochenende habe ich … gesehen. Das war …

Fernsehsendungen	*TV programmes*
der Film(-e)	*film*
der Dokumentarfilm(-e)	*documentary*
der Zeichentrickfilm(-e)	*cartoon*
der Krimi(-s)	*detective story*
die Kindersendung(-en)	*children's programme*
die Musiksendung(-en)	*music programme*
die Quizsendung(-en)	*quiz*
die Sportsendung(-en)	*sports programme*
die Tiersendung(-en)	*animal programme*
die Komödie(-n)	*comedy*
die Seifenoper(-n)	*soap opera*
die Nachrichten	*the news*
Siehst du gern (Filme)?	*Do you like watching (films)?*
Ja, ich sehe gern (Filme).	*Yes, I like watching films.*
Nein, ich sehe nicht so gern (Filme).	*No, I don't really like watching (films).*
Ich sehe lieber (Seifenopern).	*I prefer watching (soaps).*
Was ist deine Lieblingssendung?	*What is your favourite programme?*
Was kommt um zehn Uhr?	*What's on at ten o'clock?*
Wann beginnt / endet der Film?	*When does the film start / finish?*
Was für eine Sendung ist das?	*What kind of programme is that?*
Das ist eine Komödie.	*That's a comedy.*
Was hast du gestern Abend gesehen?	*What did you watch on TV last night?*
Ich habe … gesehen.	*I watched …*
Ich habe nichts gesehen.	*I didn't watch anything.*
Das war …	*It was …*
lustig.	*funny.*
spannend.	*exciting.*
doof.	*stupid.*
zu lang.	*too long.*
toll.	*great.*
interessant.	*interesting.*
langweilig.	*boring.*

Was machst du nach der Schule?	*What do you do after school?*
Ich besuche meine Freunde.	*I visit my friends.*
Ich gehe einkaufen.	*I go shopping.*
Ich gehe ins Sportzentrum.	*I go to the sports centre.*
Ich helfe zu Hause.	*I help at home.*
Ich mache meine Hausaufgaben.	*I do my homework.*
Ich surfe im Internet.	*I surf the Internet.*
Ich schicke SMS.	*I send text messages.*
Ich übe Klavier.	*I practise the piano.*
Sie sehen fern.	*They watch TV.*
Sie spielen Fußball.	*They play football.*
Sie gehen angeln.	*They go fishing.*
Sie kaufen Make-up.	*They buy make-up.*
Sie fahren Skateboard.	*They go skateboarding.*
Sie helfen zu Hause.	*They help at home.*
immer	*always*
oft	*often*
manchmal	*sometimes*
ab und zu	*now and then*
nie	*never*

Skater	*Skateboarders*
Wo wohnt er?	*Where does he live?*
Er wohnt in …	*He lives in …*
Wie alt ist er?	*How old is he?*
Er ist (siebzehn) Jahre alt.	*He is (17).*
müssen	*must*
Wie oft muss er trainieren?	*How often does he have to train?*
Er muss jeden Tag trainieren.	*He has to train every day.*
Was macht er am Wochenende?	*What does he do at the weekend?*
Am Wochenende muss er zu Skateshows fahren.	*At the weekend he has to go to skateboarding shows.*

Was braucht er zum Skaten?	*What does he need for skateboarding?*
Er braucht ein gutes Skateboard.	*He needs a good skateboard.*
Was sind seine Lieblingstricks?	*What are his favourite tricks?*
Seine Lieblingstricks sind Sliden und Grinden.	*His favourite tricks are sliding and grinding.*
Wie ist er?	*What is he like?*
Er ist impulsiv und ehrgeizig.	*He's impulsive and ambitious.*
Ich / Er muss …	*I / He must …*
trainieren.	*train.*
einen Helm tragen.	*wear a helmet.*
zu Skateshows fahren.	*go to skating shows.*
sehr fit sein.	*be very fit.*

Ein Ausflug — *A trip*

Wir haben im Bus …	*On the bus we …*
Musik gehört.	*listened to music.*
Bücher gelesen.	*read books.*
SMS geschickt.	*sent text messages.*
geschlafen.	*slept.*
Schwarzwälder Kirschtorte gegessen.	*ate Black Forest gateau.*
Chips gegessen.	*ate crisps.*
Limo getrunken.	*drank lemonade.*
Wir sind …	*We …*
mit dem Zug gefahren.	*travelled by train.*
mit dem Bus gefahren.	*travelled by bus.*
schwimmen gegangen.	*went swimming.*
wandern gegangen.	*went hiking.*
nach Hause gefahren.	*went home.*

Strategie 3

False friends – trouble words!

There are lots of little words in German which mean different things at the beginning of questions: *Was?* (What?), *Wo?* (Where?), *Wann?* (When?), *Wie?* (How?), *Wer?* (Who?). Some are particularly annoying because they look like a word they **don't** mean. These are false friends. For example, *Wer?* looks like 'Where?' but it means 'Who'! You need to spend extra time learning these words. Start a list of trouble words in your book. You could also try to think of a little rhyme to help you with them.

Wer means 'who': Wer bist du?
Wo means 'where': Wo ist der Herr?
Wie means 'how': Wie geht's, Frau Grau?

4 Gesundheit!

1 Der Körper

Naming the parts of the body
Forming plurals

 hören 1 Hör zu. Was passt zusammen? (1–19)
Beispiel: **1** d

- **a** der Kopf(¨e)
- **b** die Schulter(-)
- **c** das Ohr(-en)
- **d** der Arm(-e)
- **e** die Hand(¨e)
- **s** das Auge(-n)
- **r** die Nase(-n)
- **q** der Mund(¨er)
- **p** die Lippe(-n)
- **o** der Zahn(¨e)
- **n** der Hals(¨e)
- **m** der Bauch (die Bäuche)
- **l** das Knie(-)
- **k** das Bein(-e)
- **j** der Fuß(¨e)
- **i** der Zeh(-en)
- **f** der Finger(-)
- **g** der Rücken(-)
- **h** der Po(-s)

sprechen 2 Partnerarbeit.

- *[Points at own head]* Was ist das?
- Das ist (dein Kopf). *[Points at partner's hand]* Was ist das?
- Das ist (meine Hand). …

Das ist	mein / dein	Kopf / Auge / Ohr / Hals / Arm / Bauch / Rücken / Po / Bein / Knie / Fuß / Mund.
	meine / deine	Nase / Hand / Schulter.
Das sind	meine / deine	Zähne / Finger / Zehen / Lippen.

 ECHO • Detektiv

Plurals of nouns

Remember, nouns in German take different plural endings:

das Auge(-n) → die Aug**en**
das Bein(-e) → die Bein**e**
der Zeh(-en) → die Zeh**en**
die Hand(¨e) → die H**ä**nd**e**
der Finger → die Finger

Lern weiter ➡ 1.2, Seite 122

lesen 3

Lies den Text. Füll die Lücken aus.
Read the text. Fill in the gaps.

> Zolta ist groß und schlank. Sie hat drei __1__ und vier __2__ . Ihre __3__ sind rot und ihre __4__ sind blau. Ihr Kopf ist grün. Sie hat fünf __5__ – ihre __6__ sind ziemlich klein. Sie hat zwei __7__ , und zwölf __8__ . Sie hat acht __9__ , aber keine __10__ . Ihre Arme und Beine sind lang und grün.

Zolta

hören 4

Hör zu. Was und wie viele?
Beispiel: 3 Hände …

schreiben 5

Beschreib Zoltog. *Describe Zoltog.*

Zoltog

⊙ **ECHO • Detektiv**

Possessive adjectives

Mein *(my)*, **dein** *(your)*, **sein** *(his)* and **ihr** *(her)*.

m	der Arm	mein	dein	sein	ihr Arm
f	die Hand	meine	deine	seine	ihre Hand
n	das Bein	mein	dein	sein	ihr Bein
pl	die Ohren	meine	deine	seine	ihre Ohren

Lern weiter ➡ 3.4, Seite 125

> Zoltog ist … . Er hat … .
> Seine … sind … .
> Sein(e) ist … .

hören 6

Hör zu und sing mit. Zeichne Zorga.

Schaut mal hier, schaut mal hier,
Ja, wen haben wir denn hier?

Zorga hat einen grünen Bauch.
Zwanzig Zähne und acht Beine.
Lange Finger hat sie auch.
Füße und Zehen? Sie hat keine!

Schaut mal hier, schaut mal hier,
Ja, wen haben wir denn hier?

Sie hat Augen – eins, zwei, drei, vier!
Und sie sieht mich freundlich an.
Sie hat zwei Münder und trinkt viel Bier.
Ihre Arme haben drei Hände dran.

Schaut mal hier, schaut mal hier,
Ja, wen haben wir denn hier?

Zorga kommt von sehr weit her.
Sie hat zwei Finger an der Hand.
Eis mit Pommes mag sie sehr.
Der Planet Grobak ist ihr Land.

Schaut mal hier, schaut mal hier,
Ja, wen haben wir denn hier?

Schaut mal hier, schaut mal hier,
Ja, wen haben wir denn hier?

2 Was ist los mit dir?

Saying what's the matter
Using *können* to say what you can or can't do

lesen 1 Was passt zusammen?
Beispiel: 1 e

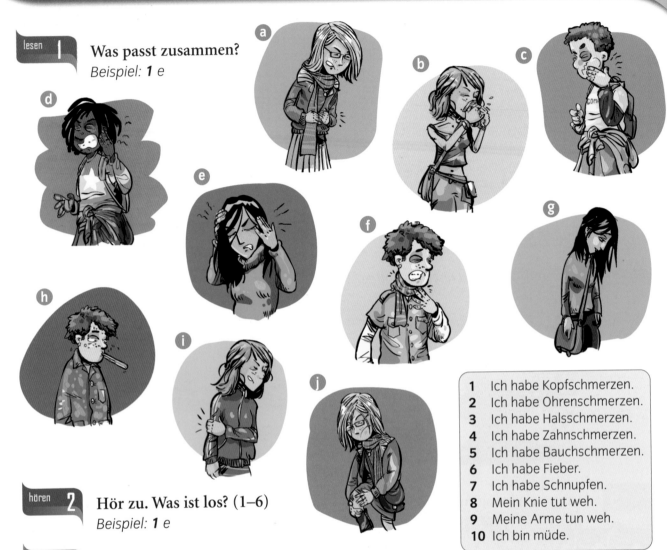

1 Ich habe Kopfschmerzen.
2 Ich habe Ohrenschmerzen.
3 Ich habe Halsschmerzen.
4 Ich habe Zahnschmerzen.
5 Ich habe Bauchschmerzen.
6 Ich habe Fieber.
7 Ich habe Schnupfen.
8 Mein Knie tut weh.
9 Meine Arme tun weh.
10 Ich bin müde.

hören 2 Hör zu. Was ist los? (1–6)
Beispiel: 1 e

sprechen 3 Partnerarbeit.
- Was ist los mit dir?
- (Ich habe Ohrenschmerzen).
- Das ist Bild (d).
- (Richtig!) Und was ist los mit dir?

schreiben 4 Ergänze den Text.
Beispiel: Ich habe Schnupfen und …

Ich ¹ und ich ² . Ich ³ und ich ⁴ . Und was sonst?

Ach, ja – ich ⁵ und ⁶ . Also, mir geht's schlecht!

hören **5**

Hör zu und beantworte die Fragen auf Englisch.

1 What's wrong with Marta and Joachim?
2 Why are they worried about it?
3 What is their mum going to do?

In this listening you will hear the following words.

Lehrer	**schwimmen**	**Entschuldigung**
Sport	**Musik**	**singen**

What do they mean and what do you think the listening will be about?

 ECHO • Detektiv

können = can

ich	**kann**
du	**kannst**
er / sie	**kann**

The infinitive goes at the end:
Ich kann nicht **singen**.

Lern weiter ➡ 5.5, Seite 128

sprechen **6**

Partnerarbeit.

- Hallo. Wie geht's?
- Ach, schlecht!
- Warum?

Theater / Englisch / Französisch
Erdkunde / Sport / Musik

- Heute habe ich (Musik)

aber (ich habe Halsschmerzen).

Ich kann nicht (singen).

| singen | sprechen | schreiben | sehen | hören | spielen |

- Hmm. Ja … du kannst nicht (singen).
  Ich schreibe eine Entschuldigung für dich!

schreiben **7**

Lies die Entschuldigung. Schreib sie auf und ändere sie.

Read the sick note. Write it out and adapt it.

Write **Lieber Herr …,** to a man
and **Liebe Frau …,** to a woman.

Lieber Herr Mertens,
Marta kann heute nicht singen.
Sie hat Halsschmerzen.
Mit freundlichen Grüßen
Frau Stieglitz.

Describing symptoms
Using *müssen* to say what someone must do

hören 1 Hör zu und lies.

Ärztin: Hallo, Selim. Was ist los mit dir?
Selim: Mein Knie tut weh.

Selim: Aua!
Ärztin: Entschuldigung. Seit wann hast du das?
Selim: Seit zwei Tagen. Ich habe am Wochenende Tennis gespielt.

Ärztin: Das ist nicht so schlimm, aber du musst diese Tabletten nehmen.
Selim: O.K. Danke. Wie oft muss ich sie nehmen?
Ärztin: Viermal am Tag.

Arzt: Hallo, Carolin. Was ist los mit dir?
Carolin: Ich habe Ohrenschmerzen.

Arzt: Seit wann hast du das?
Carolin: Seit gestern. Ich bin schwimmen gegangen – und jetzt tut mein Ohr weh.
Arzt: Oh, das Ohr ist ganz rot … Ja, du hast eine Infektion.

Arzt: Du musst dieses Medikament nehmen.
Carolin: Wie oft muss ich es nehmen?
Arzt: Zweimal am Tag.
Carolin: Danke, Herr Doktor.

aua! = *ouch!*   **seit wann … ?** = *since when … ?*   **das ist nicht so schlimm** = *it's not so bad*

lesen 2 Wer ist das – Selim oder Carolin?
*Beispiel: **a** Carolin*

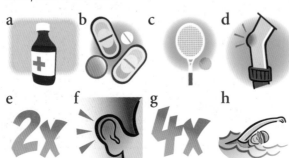

ECHO • Detektiv

müssen = *must*

ich **muss**
du **musst**

The infinitive goes at the end:

Du musst diese Tabletten **nehmen**.
*You must **take** these tablets.*

Lern weiter ➡ 5.5, Seite 128

3 Hör zu. Schreib die Tabelle ab und füll sie aus. (1–6)

	Problem?	Seit wann?	Was muss er / sie machen?	Details
1	müde	2 Tagen	Medikament nehmen, 1 x Tag	kann nicht schlafen
2	...			

Seit	gestern / ... Tagen.	
Du musst	diese Tabletten / dieses Medikament	nehmen.
	im Bett / zu Hause	bleiben.
	viel Wasser	trinken.
Du kannst	zur Schule	gehen.

ECHO • Detektiv

seit = for, since

Seit is used with the *present* tense:

Ich **habe** <u>seit</u> zwei Tagen Kopfschmerzen.
I **have had** a headache <u>for</u> two days.

Ich **habe** <u>seit</u> gestern Schnupfen.
I **have had** a cold <u>since</u> yesterday.

Lern weiter ➡ 5.7, Seite 129

sprechen 4 **Partnerarbeit.**

- ◻ Hallo, (Abbie). Was ist los mit dir?
- ● (Meine Hand tut weh.) (Aua! Aua!)
- ◻ Seit wann hast du das?
- ● Seit (zwei) Tagen.
- ◻ (Du musst dieses Medikament nehmen.)
- ● Danke, (Frau / Herr) Doktor.

a **2T**

b **4T**

d **3T**

c **1W**

e **1T**

schreiben 5 **Schreib einen Dialog wie in Aufgabe 4.**
Write out a dialogue similar to the one in exercise 4.

Mini-Test • Check that you can

1. Name six parts of your body
2. Describe an alien using plurals correctly
3. Complain about three different health problems
4. Say that you can't do something
5. Ask someone what's wrong with him / her
6. Tell someone that he / she must do something

1 **Rate mal: Was sagen sie?**
Beispiel: 1 Obst

Fleisch   Gemüse   Obst   Pommes
Kaffee   Schokolade   Saft

1 Ich esse jeden Tag …

2 Ich esse jede Woche …

3 Ich esse oft …

4 Ich trinke manchmal …

5 Ich esse selten …

6 Ich esse nie …

7 Ich trinke ab und zu …

 2 **Hör zu und überprüfe es.**

 3 **Partnerarbeit. Mach Interviews.**

- ◼ Was isst du (jeden Tag)?
- ● Ich esse (jeden Tag Pommes).
- ◼ Was isst du (jede Woche)?

jeden Tag   jede Woche
oft   manchmal   selten
nie   ab und zu

 ECHO • Detektiv

Adverbs of frequency

jeden Tag = *every day*
jede Woche = *every week*
oft = *often*
manchmal = *sometimes*
ab und zu = *from time to time*
selten = *rarely*
nie = *never*

Remember to put them directly after the verb:

Ich esse **jeden Tag** Fleisch.

Lern weiter ➡ 6.2, Seite 132

hören 4

Hör zu. Was essen sie? Gesund oder ungesund? (1–2)
Listen. What do they eat? Is it healthy or unhealthy?
*Beispiel: **1** Obst – gesund, …*

> **Bonbons Brot Chips**
> **Fleisch Gemüse Käse**
> **Kekse Kuchen Obst Pizza**
> **Pommes Schokolade**

 lesen 5

Lies die Texte. Richtig oder falsch?

Ich esse ziemlich ungesund: ich liebe Pizza, Pommes, Schokolade usw.! Heute habe ich viel Pizza gegessen. Lecker! Ich habe wenig Gemüse gegessen – nur eine Tomate auf der Pizza. Ich habe kein Obst gegessen. Obst finde ich langweilig – das esse ich selten! Ich habe viel Cola und viel Kaffee getrunken, aber ich habe wenig Wasser und keine Milch getrunken. Ich hasse Milch – das trinke ich nie! Ich habe keinen Sport gemacht. Ich habe ferngesehen und gefaulenzt – das mache ich jeden Tag. Super!

Ulrich Ungesund

Ich esse immer sehr gesund. Was habe ich heute gegessen? Also, ich habe viel Obst und viel Gemüse gegessen, aber ich habe keine Pommes gegessen. Ich esse nie Pommes – sie sind sehr ungesund! Und was habe ich getrunken? Ich habe viel Wasser getrunken. Ich habe wenig Tee getrunken – nur eine Tasse. Ich trinke ab und zu Tee, aber nicht oft. Ich habe viel Sport gemacht – Hockey, Fußball und Aerobic. Das macht Spaß!

Gerda Gesund

ich liebe = *I love*   **ich hasse** = *I hate*

1 Ulrich findet Pizza lecker.
2 Er hat heute viel Gemüse gegessen.
3 Er isst oft Obst.
4 Er hat keinen Kaffee getrunken.
5 Er findet Milch furchtbar.
6 Er hat heute Fußball gespielt.

7 Gerda hat heute wenig Obst gegessen.
8 Sie findet Pommes ungesund.
9 Sie hat viel Wasser getrunken.
10 Sie hat nicht viel Tee getrunken.
11 Sie trinkt oft Tee.
12 Sie hat heute Aerobic gemacht.

 schreiben 6

Was hast du heute gegessen und getrunken? Wie findest du das?

Ich esse	jeden Tag / jede Woche / oft / manchmal / ab und zu / selten / nie		Fleisch / Bonbons / Pommes …	
Das ist	ziemlich / sehr	lecker / langweilig / gesund / ungesund.		
Heute habe ich	viel / wenig	Gemüse / Wasser	gegessen / getrunken.	
	keinen	Kuchen / Kaffee / Tee		
	keine	Schokolade / Cola / Milch		
	kein	Obst / Wasser		

hören 1

Hör zu und lies. Was passt zusammen?
Beispiel: 1 b

Was machst du vor dem Spiel?
1. Ich trinke viel Kaffee.
2. Ich lese Zeitschriften.
3. Ich faulenze.
4. Ich strecke mich.
5. Ich trinke Wasser.
6. Ich gehe joggen.
7. Ich esse eine Banane.
8. Ich übe mit dem Ball.
9. Ich esse Pommes.

hören 2

Hör zu. Was machen sie? (1–4)
Beispiel: 1 i, ...

schreiben 3

Mach das Buch zu und schreib zwei Listen: gut und schlecht.
Close the book and write two lists: good and bad.

Gut	Schlecht
Ich strecke mich.	Ich trinke viel Kaffee.

hören 4

„Sht" oder „st"? Hör zu und überprüfe es.
Beispiel: 1 sht

1 stehe	2 machst	3 strecke
4 ist	5 siehst	6 Stefan
7 Obst		

> **st** at the beginning of a word is pronounced *sht*.

5 Partnerarbeit. Was machst du? Ist das gut oder schlecht?

- Was machst du vor dem Spiel?
- Ich (trinke Kaffee), ich (esse Pommes) und ich (faulenze).
- Das ist (b). Schlecht!

 6 Hör zu und lies. Beantworte die Fragen.

1 Was macht Christian richtig?
2 Was macht er falsch?
3 Was muss er am Samstag machen?

ECHO • Detektiv

The imperative (du)

To make the imperative from the **du** form of the verb:

trinken   du trink~~st~~ → trink!

Verbs which change their vowel in the **du** form, do the same in the imperative:

essen   du **i**sst → **i**ss!
lesen   du **lie**st → **lie**s!

Lern weiter ➡ 5.14, Seite 131

Stuttgart, den 15. März

Lieber Christian,

du bist ein guter Fußballspieler, aber vor dem Spiel machst du viel falsch:

Du trinkst Wasser, das ist gut, aber du isst Pommes oder Schokolade, das ist schlecht. Du gehst joggen, das ist gut, aber du streckst dich nicht und du übst nicht mit dem Ball.

So geht das nicht weiter! Hier sind meine Regeln für Samstag: Trink Wasser und iss eine Orange oder eine Banane!! Geh joggen! Streck dich! Üb mit dem Ball! Und faulenz bitte nicht!

Viel Spaß und viel Glück am Samstag!

Dein Trainer,

Peter Schmidt

 7 Schreib Svens Tipps auf.
Beispiel: 1 Trink Cola!

Svens Tipps für junge Dartspieler

hören 1 Hör zu und lies.

Gabi ist immer im Training

a Hallo! Ich heiße Gabi Schöndorff. Ich bin sechzehn Jahre alt und ich bin Schwimmerin. Ich schwimme seit elf Jahren. Ich gehe noch zur Schule, aber ich möchte Profi-Schwimmerin werden. Mein Trainer heißt Franz Bauer. Er ist freundlich, aber streng. Das ist mein Trainingsprogramm.

b Morgens:
Ich gehe um sechs Uhr zum Fitnesszentrum und mache Krafttraining. Dann komme ich nach Hause und esse Frühstück. Ich esse immer zwei Eier und ein Brötchen mit Marmelade oder Honig. Ich trinke einen Liter Wasser. Dann gehe ich zur Schule.

c Nachmittags:
Nach der Schule komme ich nach Hause und esse Mittagessen. Ich esse Nudeln mit Käse oder Fisch mit Reis – das ist gesund und gibt viel Energie. Ich trinke dazu Orangensaft. Um Viertel vor drei fahre ich zum Schwimmbad. Dort schwimme ich fünf Kilometer. Ich trainiere Brustschwimmen, Kraul und Schmetterling. Schmetterling ist mein Lieblingsschwimmstil.

d Abends:
Zum Abendessen esse ich Brot mit Schinken und Käse. Ich trinke dazu ein Glas Milch. Nach dem Abendessen muss ich meine Hausaufgaben machen. Dann surfe ich im Internet und sende E-Mails. Ich gehe früh ins Bett – normalerweise um neun Uhr.

Krafttraining = *weight training*	**Kraul** = *crawl*
Nudeln = *pasta*	**Schmetterling** = *butterfly*
Brustschwimmen = *breaststroke*	

lesen 2 Welcher Absatz ist das?
Beispiel: **1** c

1 2 3 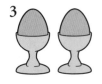 4  5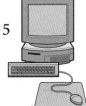

6 7 8 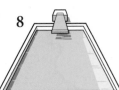 9  10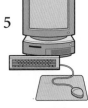

3 Beantworte die Fragen auf Englisch.

a 1 How old is Gabi?
  2 What does she want to be when she leaves school?
  3 How long has she been swimming for?

b 4 Where does she go at six o'clock?
  5 What does she eat for breakfast? *(3 things)*
  6 What does she drink?

c 7 Why does Gabi have pasta or fish for lunch? *(2 reasons)*
  8 How far does she swim?
  9 Which is her favourite swimming stroke?

d 10 What does Gabi do after her evening meal? *(4 things)*

> Before you scan the text for the answer to a question, try to predict key words or phrases to look for. For example: **1** *Jahre alt*, **2** *Schule*, **3** *seit*, …

lesen **4** Lies die Sätze. Dann füll die Tabelle aus.

1 Ich habe kein Krafttraining gemacht.

Heute war ein schlechter Tag!

2 Ich habe nichts gegessen.

3 Ich habe nur Kaffee getrunken.

4 Ich habe Burger mit Pommes gegessen.

5 Ich bin einen Kilometer geschwommen.

6 Ich habe keine Hausaufgaben gemacht.

7 Ich habe ferngesehen.

8 Ich bin um halb neun ins Bett gegangen.

	normalerwise	heute
1	Sie macht Krafttraining.	Sie hat kein Krafttraining gemacht.
2	Sie isst zwei Eier und ein Brötchen.	
3	Sie trinkt Wasser.	
4	Sie isst Nudeln oder Fisch.	
5	Sie schwimmt fünf Kilometer.	
6	Sie macht Hausaufgaben.	
7	Sie surft im Internet.	
8	Sie geht um neun Uhr ins Bett.	

> Transforming sentences from the present tense to the perfect tense:
> ● Are you using **ich, du** or **er / sie**?
> ● Does the verb take **habe / hast / hat** or **bin / bist / ist**?
> ● What is the past participle?

 5 Schreib einen Absatz über Gabis Tag.
Write about Gabi's day.
Beispiel: Gabi macht normalerweise Krafttraining, aber heute hat sie kein Krafttraining gemacht ….

> Sie hat … gegessen / getrunken / gemacht / ferngesehen.
> Sie ist … geschwommen / gegangen.

Lernzieltest

Check that you can:

1 ● Name parts of your body

Das ist mein Kopf / Arm / Auge.
Das ist meine Hand.
Das sind meine Zähne / Zehen.

Ⓖ Form the plural forms of five parts of the body

Arm (-e) – die Arme, Auge (-n) – die Augen, Kopf (¨e) – die Köpfe

● Describe an alien using *sein(e) / ihr(e)*

Sein Kopf ist groß und blau.
Seine Arme sind lang und gelb.
Ihre Füße sind klein.

2 ● Describe three different health problems

Ich habe Kopfschmerzen. Mein Knie tut weh. Ich habe Fieber.

● Say someone can't do something

Thomas kann nicht singen.
Marta kann nicht sprechen.

3 ● Say how long you have had a problem, using *seit*

Ich habe seit zwei Tagen Kopfschmerzen.

● Say what people must do to get better

Du musst viel Wasser trinken.
Du musst im Bett bleiben.

4 Ⓖ Use adverbs of frequency to say how often you eat different foods

Ich esse jeden Tag Obst. Ich esse manchmal Käse. Ich esse nie Fleisch.

Ⓖ Use the verbs *essen* and *trinken* in the perfect tense

Ich habe viel Pizza gegessen.
Ich habe kein Wasser getrunken.

5 ● Say what you do before playing sports

Ich trinke Wasser. Ich gehe joggen.
Ich faulenze.

Ⓖ Understand and use instructions given in the imperative

Trink Wasser! Lies Zeitschriften!
Üb mit dem Ball!

6 Ⓖ Change sentences from the present tense to the perfect tense

Sie trinkt Wasser → Sie hat Wasser getrunken. Sie schwimmt → Sie ist geschwommen.

● Make comparisons between what someone usually does and what they did today

Gabi trinkt normalerweise Wasser, aber heute hat sie kein Wasser getrunken.

hören 1 Hör zu. Füll die Tabelle aus. (1–6)

	Was ist los?	Seit wann?	Warum?
1	c	2 Tagen	Karate gemacht

 a 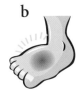 b  c  d  e  f

sprechen 2 Partnerarbeit. Mach vier Dialoge.

Was ist los mit dir?

Seit wann hast du das?

Du musst ... .

a **2T**

b **4T**

c **5T**

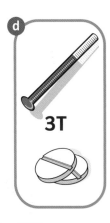

d **3T**

lesen 3 Lies den Brief und beantworte die Fragen auf Deutsch.

1 Wo war Habib am Samstag?
2 Was hat er gegessen?
3 Was ist los mit Habib? (*4 Sachen*)
4 Seit wann hat er das?
5 Was muss Habib jetzt machen? (*2 Sachen*)
6 Was kann er essen und trinken?

Stuttgart, den 19. März

Lieber Herr Merkel,

Habib kann leider nicht zur Schule kommen. Wir waren am Samstag im Restaurant und Habib hat Fisch gegessen. Dann war er krank. Seit zwei Tagen hat er starke Bauchschmerzen, Kopfschmerzen und Fieber. Er ist auch sehr müde. Ich bin heute mit Habib zum Arzt gegangen. Er muss für drei Tage im Bett bleiben und Tabletten nehmen. Der arme Habib kann nur Brot essen und Wasser trinken! Am Donnerstag kann er wieder zur Schule kommen.

Mit freundlichen Grüßen
Herr Akuffo

schreiben 4 Beantworte die Fragen auf Deutsch.
*Beispiel: **1** Ich esse jeden Tag Pommes und ich trinke Apfelsaft.*

1 Was isst und trinkst du jeden Tag?
2 Was isst du normalerweise zum Abendessen?
3 Wie oft isst du Obst und Gemüse?
4 Was hast du gestern gegessen?
5 Was hast du gestern getrunken?

1 Kannst du das Sportquiz machen? (Die Antworten sind im Text auf Seite 75.)

Sportquiz

1: Wer ist das?
2: Was macht er?
3: Wann hat er das erste Mal die Weltmeisterschaft gewonnen?

7: Wer ist das?
8: Was war er?
9: Was hat er 1985 gewonnen?

13: Wer ist das?
14: Was macht er?
15: Was hat er 1997 gewonnen?

4: Wer ist das?
5: Wie oft war sie Europameister?
6: Was hat sie 2003 gemacht?

10: Wer ist das?
11: Was macht sie?
12: Wann hat sie den Weltcup in der Abfahrt gewonnen?

16: Wer ist das?
17: Was war sie?
18: Wie oft hat sie Wimbledon gewonnen?

Look up any words that you don't know in the **Wortschatz** at the back of this book.

WILLKOMMEN	SPIELE	SPORTHALLE	FORUM

SUCHE ▶ [_____]

Steffi Graf war Tennisspielerin. Von 1988 bis 1996 hat sie das Turnier von Wimbledon siebenmal gewonnen. Das erste Mal war sie neunzehn Jahre alt, das letzte Mal war sie siebenundzwanzig.

Jan Ullrich ist Radsportler. 1993 war er Amateur-Weltmeister. Seit 1995 ist er Profi. 1997 hat er die Tour de France gewonnen. 1996, 1998, 2000, 2001 und 2003 ist er auf Platz zwei gekommen.

Regina Häusl ist Skifahrerin. Sie hat viermal (1992, 1996, 1998 und 1999) die deutsche Meisterschaft gewonnen. 2000 hat sie den Weltcup in der Abfahrt gewonnen.

Michael Schumacher ist Rennfahrer. Er war 1994, 1995 und jedes Jahr von 2000 bis 2004 Weltmeister in der Formel Eins. Sein Bruder, Ralf, ist auch Formel-Eins-Rennfahrer.

Boris Becker war Tennisspieler. Er hat das Turnier von Wimbledon dreimal gewonnen: 1985, 1986 und 1989. Das erste Mal war er 17 Jahre alt.

Die deutsche Frauenmannschaft war 1989, 1991, 1995, 1997 und 2000 Fußball-Europameister. 2003 hat sie die Weltmeisterschaft gewonnen.

This is how you say dates in German:

1995 = 'neunzehn-hundert-fünf-und-neunzig'
2003 = 'zwei-tausend-und-drei'

Don't put 'in' before the date:

Boris Becker hat **neunzehnhundertfünfundachtzig** Wimbledon gewonnen.

---

hören 2 Alles richtig? Hör zu und überprüfe es.

sprechen 3 Partnerarbeit. Stell und beantworte sechs Fragen vom Sportquiz.

- Was war Steffi Graf?
- Sie war Tennisspielerin.
- Richtig! Was hat Jan Ullrich 1997 gewonnen?

When you say what someone does (job or sport, etc.), you don't need **ein** or **eine**:

Er ist / war Tennisspieler.
He is / was a tennis player.
Sie ist / war Tennisspielerin.
She is / was a tennis player.

schreiben 4 Mach Notizen über einen Sportler / eine Sportlerin.
Beispiel: Roger Federer – Schweiz – Tennisspieler – Wimbledon 2003, 2004 gewonnen

schreiben 5 Mach ein Poster über den Sportler / die Sportlerin.
Beispiel:

Roger Federer ist Tennisspieler. Er wohnt in der Schweiz. Er hat das Turnier von Wimbledon zweimal gewonnen. Das war 2003 und 2004. Roger Federer ist super!

Was macht … ?
Wo wohnt er / sie?
Wann hat er / sie … gewonnen?
Wie oft hat er / sie … gewonnen?
Was hat er / sie 2004 gemacht?

schreiben 6 Mach ein Quiz. Teste deine Klasse!
Beispiel: Was macht Roger Federer?

Der Körper

Das ist …
  mein Kopf.
  dein Auge.
  mein Ohr.
  dein Hals.
  mein Arm.
  dein Bauch.
  mein Rücken.
  dein Bein.
  mein Knie.
  dein Fuß.
  mein Mund.
  dein Po.
  meine Nase.
  deine Hand.
  meine Schulter.

Das sind …
  meine Zähne.
  deine Finger.
  meine Zehen.
  deine Lippen.

The body

That is …
  my head.
  your eye.
  my ear.
  your neck.
  my arm.
  your stomach.
  my back.
  your leg.
  my knee.
  your foot.
  my mouth.
  your bottom.
  my nose.
  your hand.
  my shoulder.

Those are …
  my teeth.
  your fingers.
  my toes.
  your lips.

Wie sieht er / sie aus?

Er / Sie hat (zwei) …
  Arme.
  Augen.
  Beine.
  Füße.
  Hände.
  Ohren.
  Knie.
Sein (Kopf) ist groß.
Ihr (Mund) ist blau.
Seine (Ohren) sind klein.
Ihre (Augen) sind grün.

What does he / she look like?

He / She has (two) …
  arms.
  eyes.
  legs.
  feet.
  hands.
  ears.
  knees.
His (head) is big.
Her (mouth) is blue.
His (ears) are small.

Her (eyes) are green.

Was ist los mit dir?

Ich habe …
  Kopfschmerzen.
  Ohrenschmerzen.

What's the matter with you?

I've got …
  a headache.
  earache.

  Halsschmerzen.
  Zahnschmerzen.
Ich habe Bauchschmerzen.
Ich habe Fieber.
Ich habe Schnupfen.
Mein Knie tut weh.
Meine Arme tun weh.
Ich bin müde.
Ich kann nicht singen.
Du kannst nicht zeichnen.
Er / Sie kann nicht spielen.

  a sore throat.
  toothache.
I've got stomach ache.

I've got a temperature.
I've got a cold.
My knee hurts.
My arms hurt.
I'm tired.
I can't sing.
You can't draw.

He / She can't play.

Beim Arzt

Seit wann hast du das?

Seit gestern.
Seit zwei Tagen.
Du musst diese Tabletten nehmen.
Du musst dieses Medikament nehmen.
Du musst im Bett bleiben.
Du musst zu Hause bleiben.
Du musst viel Wasser trinken.
Du kannst zur Schule gehen.

At the doctor's

How long have you had this?

Since yesterday.
For two days.
You must take these tablets.
You must take this medicine.
You must stay in bed.

You must stay at home.

You must drink a lot of water.
You can go to school.

Was isst du?

Ich esse jeden Tag Obst.
Ich esse jede Woche Schokolade.
Ich esse oft Gemüse.
Ich trinke manchmal Saft.
Ich esse selten Fleisch.
Ich esse nie Pommes.
Ich trinke ab und zu Kaffee.

What do you eat?

I eat fruit every day.
I eat chocolate every week.

I often eat vegetables.
I sometimes drink juice.

I rarely eat meat.
I never eat chips.
I occasionally drink coffee.

Was hast du heute gegessen / getrunken?

Ich habe viel Gemüse gegessen.
Ich habe … gegessen.
 wenig Gemüse
 keinen Kuchen
 keine Schokolade
 kein Obst
Ich habe viel Tee getrunken.
Ich habe … getrunken.
 wenig Tee
 keinen Kaffee
 keine Cola
 keine Milch
 kein Wasser
Das ist ziemlich …
Das ist sehr …
 lecker.
 langweilig.
 gesund.
 ungesund.

What have you eaten / drunk today?

I've eaten a lot of vegetables.
I haven't eaten …
 many vegetables.
 any cake.
 any chocolate.
 any fruit.
I've drunk a lot of tea.

I haven't drunk …
 much tea.
 any coffee.
 any cola.
 any milk.
 any water.
That's quite …
That's very …
 tasty.
 boring.
 healthy.
 unhealthy.

Was machst du vor dem Spiel?

Ich trinke viel Kaffee.
Ich lese Zeitschriften.
Ich faulenze.
Ich strecke mich.
Ich trinke Wasser.
Ich gehe joggen.
Ich esse eine Banane.
Ich übe mit dem Ball.
Ich esse Pommes.
Faulenz nicht!
Geh joggen!
Iss eine Banane!
Streck dich!
Trink Wasser!
Üb mit dem Ball!

What do you do before the match?

I drink a lot of coffee.
I read magazines.
I laze about.
I stretch.
I drink water.
I go jogging.
I eat a banana.
I practise with the ball.
I eat chips.
Don't laze around!
Go jogging!
Eat a banana!
Stretch!
Drink water!
Practise with the ball!

Immer im Training

Er macht Krafttraining.
Er isst zwei Eier.
Er trinkt Wasser.
Er isst Nudeln.
Er schwimmt fünf Kilometer.
Er macht Hausaufgaben.
Er surft im Internet.
Er geht um neun Uhr ins Bett.
Sie hat Burger und Pommes gegessen.
Sie hat Kaffee getrunken.
Sie hat kein Krafttraining gemacht.
Sie hat ferngesehen.
Sie ist einen Kilometer geschwommen.
Sie ist um halb neun ins Bett gegangen.
normalerweise

Always in training

He does weight training.
He eats two eggs.
He drinks water.
He eats pasta.
He swims five kilometres.

He does homework.
He surfs the Internet.
He goes to bed at nine o'clock.
She ate a burger and chips.
She drank coffee.
She didn't do any weight training.

She watched TV.
She swam a kilometre.

She went to bed at half-past eight.
normally

Strategie 4

Learning long words

German has some very long words that are made up of two or more shorter words, e.g. Kopf + Schmerzen = Kopfschmerzen.
These are called compound words. Compound words are easier to learn if you break them down. Make vocabulary cards to practise them. Put part of the word on the front of the card, e.g.: … schmerzen.
On the back of the card write down all the bits of words that you know go with it:
Kopf … , Ohren … , Zahn … , Bauch … .

You can use either the front of the card or the back of the card to test yourself.

Can you think of any words to go with these:
Lieblings … , … geschäft, … sendung?

5 Wir gehen aus

1 Es tut mir Leid

Accepting and turning down invitations
Giving reasons using *weil* (because)

 1 Hör zu. Welches Bild ist das? (1–7)
Beispiel: **1** *b*

Möchtest du am Samstag zu meiner Party kommen?

a Ich wasche mir die Haare.

b Ich besuche meine Oma.

c MATHE

Ich mache meine Hausaufgaben.

Carolin

d Ich helfe zu Hause.

e Ich übe Klavier.

f Ich habe Fußballtraining.

g Ja, gern.

sprechen 2 Partnerarbeit.

■ Möchtest du am (Montag) (schwimmen gehen)?

● Es tut mir Leid. Ich (mache meine Hausaufgaben).

Möchtest du am (Montag)	ins Kino in die Stadt schwimmen	gehen?
	Tennis	spielen?
Es tut mir Leid. / Ich kann nicht.		

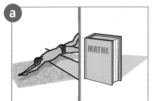 **a**

 b

 **c**

 d

 3 Hör zu. Schreib die Tabelle ab und füll sie auf Englisch aus. (1–5)

	Day	Suggestion	Yes / No	Plan / Reason
1	Thursday	Tennis	Yes	2:00 in park

lesen 4 Lies den Text. Beantworte die Fragen. Du bist Moritz.

> Ich kann heute nicht ins Kino gehen, weil ich meine Hausaufgaben mache. Ich mache heute meine Hausaufgaben, weil ich morgen Fußball spiele. Ich spiele morgen Fußball, weil ich viel trainieren muss. Ich muss viel trainieren, weil ich wie David Beckham spielen möchte. Ich möchte wie David Beckham spielen, weil er viel Geld hat. Ich brauche viel Geld, weil ich gern ins Kino gehe!

1 Warum machst du heute deine Hausaufgaben?
2 Warum spielst du morgen Fußball?
3 Warum möchtest du wie David Beckham spielen?
4 Warum brauchst du viel Geld?
5 Warum kannst du heute nicht ins Kino gehen?

ECHO • Detektiv

weil = *because*

After **weil**, the *verb* goes to the *end* of the sentence:

weil ich Fußball **spiele** = *because I'm playing football*
weil ich zu Hause **helfe** = *because I'm helping at home*

Lern weiter ➡ 7.4, Seite 133

sprechen 5 Partnerarbeit.

■ Möchtest du am (Mittwoch) (in die Stadt gehen)?
● Nein, es tut mir Leid. Ich kann nicht.
■ Wie schade! Warum?
● Weil ich (meine Hausaufgaben mache).
■ Kannst du am (Donnerstag) kommen?
● Ja, gern. Wann treffen wir uns?
■ Um (halb drei)?
● Ja, prima. Bis (Donnerstag).

Warum?	
weil ich	meine Hausaufgaben mache. meine Oma besuche. mir die Haare wasche. zu Hause helfe. Klavier übe. Fußballtraining habe.
Kannst du am (Dienstag) kommen?	
Wann treffen wir uns?	Um … Uhr

schreiben 6 Schreib fünf Sätze.

Ich kann nicht kommen,

weil ich

Basketballtraining
den Hund
meine Hausaufgaben
meine Tante
Gitarre

besuche.
habe.
wasche.
übe.
mache.

schreiben 7 Gruppenarbeit: Schreib einen Dialog und trag ihn der Klasse vor.
Group work: Write a dialogue and present it to the class.

Use phrases like this to help make your dialogues sound more realistic:
Wie schade! = *What a shame!*

2 Kleidung
Talking about clothes
Using adjectives before nouns

 Hör zu und lies. Was passt zusammen?
Beispiel: 1 c

Was trägst du am Samstag auf der Party?

1
Ich trage den gelben Rock. Toll, nicht? Ich habe auch die gepunktete Bluse– die ist meine Lieblingsbluse!

2
Ich trage meine Baseballmütze auf der Party. Es gibt auch die blaue Jeansjacke und die gestreifte Hose. Sie sind sehr modisch!

3
Ich trage das karierte Hemd (es ist ein bisschen zu klein!) und ich trage auch die alten Jeans und das schwarze T-Shirt. Das T-Shirt ist ganz neu, extra für die Party.

4
Ich trage das glitzernde rote Kleid. Das ist ein Geschenk von meiner Oma. Ich trage auch die schwarzen Schuhe. Leider sind sie nicht sehr bequem.

a   b   c   d

lesen 2 **Lies die Texte noch mal. Wie heißt das auf Englisch?**

1	gepunktet	3	kariert	5	modisch
2	gestreift	4	glitzernd	6	bequem

lesen 3 **Lies den Text. Füll die Lücken mit den Adjektiven aus.**
Beispiel: 1 gepunktete

Ich trage gern __1__ Kleidung, weil sie so lustig ist! Das hier ist mein Kostüm für die Party am Samstag. Ich trage den __2__ , gepunkteten Rock. Meine Mutter findet ihn schrecklich, aber ich mag ihn gern! Was noch? Ja, ich trage die __3__ Jacke und das __4__ T-Shirt. Die __5__ Baseballmütze ist ein Geschenk von meinem Bruder – ich finde sie klasse! Ich trage auch oft die __6__ Schuhe – sie sind grün und blau. Meine Freunde finden das __7__ , aber ich liebe Punkte!

gelbe
blaue
doof
gepunktete
kurzen
bequemen
rote

lesen 4 **Lies den Text noch mal und finde die Adjektive.**
Find the adjectives in the text.
Beispiel: lustig, ...

hören 5 **Was tragen Jessica und Timo auf der Party? Hör zu und mach Notizen.**
Beispiel: Jessica – striped T-shirt , ...

 ECHO • Detektiv

Adjective endings (accusative)

When an adjective comes before the thing it describes, it has an extra ending.

	Acc.
m	Ich trage de**n** blau**en** Rock.
f	Ich trage die rot**e** Hose.
nt	Ich trage das grün**e** T-Shirt.
pl	Ich trage die weiß**en** Schuhe.

The ending depends on whether the noun being described is masculine, feminine, neuter or plural.

Lern weiter ➡ 3.2, Seite 124

sprechen 6 **Partnerarbeit.**

▪ Was trägst du auf der Party?
● Ich trage (das gestreifte Hemd) und (die gelbe Hose).
▪ Und was sonst?
● Ich trage auch … Und du?

Ich trage	den	kurzen / roten / glitzernden	Rock.
Er / Sie trägt	die	lange / blaue / gelbe / schwarze gepunktete	Hose / Jacke / Baseballmütze.
	das	karierte / gestreifte / grüne	Hemd / Kleid / T-Shirt.
	die	schwarzen / weißen / langen	Sportschuhe / Stiefel.

schreiben 7 **Was tragen Rudi und Rosi auf der Party? Schreib einen Absatz und zeichne die Personen.** *What are Rudi and Rosi wearing to the party?*
Write a paragraph and draw them.
Beispiel: Rudi trägt die gelbe Hose. Er trägt auch ...
Rosi trägt den kurzen, roten, glitzernden Rock und ... Sie trägt auch ...

1 Hör zu und lies. Wer spricht?

Beispiel: a, b, a, …

Speech bubbles (panel 1):
- Hallo ihr zwei! Was hört ihr?
- Und was spielt ihr?
- Wir spielen ein neues Computerspiel.
- Wir hören eine alte Rap-CD.

Speech bubbles (panel 2):
- Was esst ihr?
- Und was trinkt ihr?
- Wir trinken Orangensaft.
- Wir essen heiße Würstchen. Sie sind lecker!

Speech bubbles (panel 3):
- Claudia sieht gut aus. Sie trägt eine neue Hose.
- Claudia, hallo!
- Ja. Sie trägt auch ein tolles T-Shirt.
- Hallo, wie geht's? Was macht ihr so?

2 Wer sagt das? *Who says it?*

Beispiel: 1 a

1 What are you playing?
2 What are you drinking?
3 What are you listening to?
4 What are you doing?
5 What are you eating?

3 Gruppenarbeit.

■ Was esst ihr?
● + ▲ Wir essen Popcorn.

● Was seht ihr?
▲ + ■ Wir …

Was	esst / trinkt / hört / seht	ihr?
	Popcorn.	
	Cola.	
	eine Beatles-CD.	
	einen James-Bond-Film.	

ECHO • Detektiv

ihr = *you* (informal, plural)

ihr is the plural form of **du**. It is used for speaking to more than one friend or relative.

Take the **-en** off the infinitive and add **t**:

machen → ihr mach**t**
sehen → ihr seh**t**
essen → ihr ess**t**

Lern weiter ➡ 4.2, Seite 126

hören 4 Hör zu. Schreib die Tabelle ab und füll sie aus. (1–4)

	gegessen	getrunken	Kleidung	Details
1	Pizza	Limo	blaues Kleid	getanzt

ECHO • Detektiv

Adjective endings with *einen* / *eine* / *ein* (accusative)

Sie trägt …

m   ein**en** grün**en** Rock.
f   eine grün**e** Bluse.
nt   ein grün**es** Hemd.
pl   grün**e** Schuhe.

Lern weiter ➡ 3.3, Seite 125

lesen 5 Lies den Text. Was passt zusammen?

*Beispiel: **a** – rot*

schwarz   grün
doof   rot
gut   groß
gestreift

Am Samstagabend bin ich zu Carolins Party gegangen. Es war toll, weil Carolins Mutter nicht zu streng ist! Markus war da, und Jessica auch. Markus ist so lustig – er hat eine rote Krawatte und ein gelbes gestreiftes Hemd getragen! Jessica hat einen grünen Rock und schwarze Schuhe getragen.

Wir haben Musik gehört, aber ich habe nicht getanzt, weil ich nicht gut tanze! Wir haben auch einen guten Krimi auf DVD gesehen und ich habe einen großen Hamburger gegessen. Dann haben wir doofe Spiele gespielt. Ich bin um halb zwölf mit meinem Vater nach Hause gefahren. **Selim**

schreiben 6 Schreib die Sätze ab. Wähle das richtige Wort.

Write out the sentences and choose the right word each time.

1 Die Party bei Carolin war toll. Ich habe ein **blauen / blaues / blaue** T-Shirt und eine **gestreifte / gestreiftes / gestreiften** Hose getragen.
2 Selim war sehr schick! Er hat eine **schwarzes / schwarzen / schwarze** Jacke und **coole / coolen / cooles** Stiefel getragen.
3 Auf der Party haben wir **leckere / leckeren / leckeres** Pommes gegessen.
4 Carolin hat viele DVDs. Wir haben einen **langweiligen / langweiliges / langweilige** Krimi gesehen.
5 Dann haben wir **tolle / tolles / tollen** Spiele gespielt.

schreiben 7 Schreib einige Sätze über eine Party.

Beispiel: Am Samstag bin ich zu Peters Party gegangen. Es war toll! Ich habe … Wir haben …

Mini-Test • Check that you can

❶ Say you can't go out, giving three different excuses
❷ Remember endings for adjectives after *einen* / *eine* / *ein*
❸ Describe your partner's clothes
❹ Ask your friends 3 questions using *ihr* and a verb

Making party food
Using the sequencers *zuerst, dann, danach, zum Schluss*

hören 1

Hör zu. Füll die Lücken im Rezept aus.
Beispiel: **1** *50g*

Rezept: Pizza

(Für 4 Personen)

1	Schinken
2	Käse
3	Champignons
4	Paprika (rot oder grün)
5	Zwiebeln

6	Oliven
7	Tomaten

Für den Teig:

8	Mehl
9	Butter
10	Milch

lesen 2

Lies den Text. Welche Pizza mag Thomas?

Ich esse sehr gern Pizza. Meine Lieblingspizza ist sehr groß, mit sehr viel Käse. Ich esse gern Salami, das ist wirklich lecker. Ich esse auch gern Paprika und Tomaten, aber ich esse nicht gern Zwiebeln. Ich mag Ananas, weil sie schön süß ist, aber ich esse gar nicht gern Knoblauch, weil man danach so stinkt! Schinken und Champignons sind O.K., aber Spinat, nein danke – das mag ich wirklich nicht. Oliven finde ich eklig. Ich habe einmal Oliven gegessen, und danach war ich krank!

Ananas = *pineapple*
Knoblauch = *garlic*
danach = *afterwards*
Spinat = *spinach*

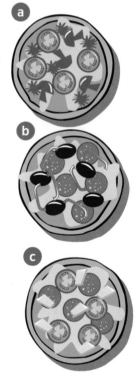

sprechen 3

Gruppenarbeit. Bereite eine Pizza vor. Mach eine Liste.

■ Isst du gern (Oliven)?
▲ Ach nein, (Oliven) sind eklig.
● O.K. Ich esse gern (Ananas).
▲ Ich auch. Das ist lecker.
■ Gute Idee! (*all write down* **Ananas**)

Ich esse (gar nicht) gern ...
Das ist / Sie sind ... lecker / eklig / süß.
Ich auch. / Gute Idee. / Ach nein!

lesen 4 Was passt zusammen?
Beispiel: a 5

Wir machen eine Pizza!

a Zum Schluss backen wir die Pizza für 20 Minuten (180 Grad).

b Dann tun wir die Tomaten und den Käse auf den Teig.

c Danach legen wir den Schinken auf das Gemüse.

d Wir schneiden die Champignons, die Zwiebeln, die Oliven und die Paprika in kleine Stücke.

e Zuerst brauchen wir Mehl, Butter und Milch. Wir mischen sie und machen den Teig.

f Dann tun wir das Gemüse auf die Pizza.

lesen 5 Ordne die Texte aus Aufgabe 4.
Beispiel: e, ...

hören 6 Hör zu und überprüfe es.

schreiben 7 Schreib das Rezept richtig auf.
Write the recipe out correctly.
(Replace each question mark with a different sequencer.)

ECHO • Detektiv

Using sequencers

Sequencers show what order you do things in:
zuerst = *firstly*   **dann** = *then*
danach = *after that*   **zum Schluss** = *finally*
If you start your sentence with a sequencer, remember to put the verb next:
Zum Schluss **essen** wir die Pizza.

Lern weiter ➡ 7.2, Seite 133

Pizza Hawaï

? brauchen wir und . **?** mischen wir sie und wir

machen den Teig. **?** schneiden wir , und in kleine

Stücke. Wir tun sie auf den . **?** tun wir auch , Schinken

und auf die Pizza. **?** wir die Pizza für ⏲

im Ofen und **?** wir sie!

hören 1 Hör zu und lies.

Die Freunde schlafen bei Fairuza.

Im Mädchenzimmer

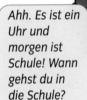

Ahh. Es ist ein Uhr und morgen ist Schule! Wann gehst du in die Schule?

Hmm. Also, ich wache auf … Ich stehe um halb sieben auf …, ich dusche und ich frühstücke. Ich gehe um Viertel nach sieben in die Schule.

Im Jungenzimmer

Es ist ein Uhr! Wow. Und morgen haben wir Schule. Igitt. Was machst du nach der Schule, Habib?

Nach der Schule? Hmm … Ich komme nach Hause und ich mache meine Hausaufgaben (langweilig!). Ich esse zu Abend und dann sehe ich fern. Ich gehe um zehn Uhr ins Bett.

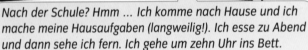

lesen 2 Wie heißt das auf Deutsch?

Beispiel: 1 Ich wache auf.

1 I wake up.
2 I get up at half past six.
3 I have a shower.
4 I have breakfast.
5 I go to school at quarter past seven.

6 I come home.
7 I do my homework.
8 I eat supper.
9 Then I watch TV.
10 I go to bed at ten o'clock.

sprechen 3 Partnerarbeit.

■ Wann wachst du auf?
● Ich wache um __ auf.
■ Wann stehst du auf?
● Ich stehe um __ auf.
■ Wann frühstückst du?
● Ich frühstücke um __.
■ Wann gehst du in die Schule?
● Ich gehe um __ in die Schule.

● Wann kommst du nach Hause?
■ Ich komme um __ nach Hause.
● Wann machst du deine Hausaufgaben?
■ Ich mache um __ meine Hausaufgaben.
● Wann isst du zu Abend?
■ Ich esse um __ zu Abend.
● Wann gehst du ins Bett?
■ Ich gehe um __ ins Bett.

4 Hör zu. Schreib die Tabelle ab und füll sie auf Englisch aus.

Time	Activity
	wakes up
6.45am	
	does homework
6pm	
	goes to bed

ECHO • Detektiv

Separable verbs

aufwachen → ich wache **auf**
aufstehen → ich stehe **auf**
fernsehen → ich sehe **fern**

When you use these verbs with **ich, du, er, sie**, etc., the first part of the infinitive jumps to the end of the sentence.

Ich wache um Viertel nach sieben **auf**.

Lern weiter ➡ 5.6, Seite 128

5 Richtig (R) oder falsch (F)?

1 Am Wochenende wacht Selim um sechs Uhr auf.
2 Während der Woche steht er um 6:05 Uhr auf.
3 Am Wochenende steht er um sieben Uhr auf.
4 Zum Frühstück trinkt Selim Tee.
5 Er fährt mit Christian in die Schule.
6 Nach dem Mittagessen macht Selim seine Hausaufgaben.
7 Um 18:30 Uhr isst er zu Abend.
8 Er geht um 21:00 oder 22:00 Uhr ins Bett.

Selim

Während der Woche wache ich um sechs Uhr morgens auf (am Wochenende um acht oder neun Uhr). Das ist schrecklich und ich bin immer sehr müde! Fünf Minuten später stehe ich auf. Zuerst dusche ich und um halb sieben frühstücke ich. Ich esse meistens Brot mit Marmelade und ich trinke Saft. Ich gehe um sieben Uhr in die Schule - ich treffe Christian und wir fahren mit der Straßenbahn.

Nachmittags komme ich um halb zwei nach Hause. Ich esse zu Mittag und danach mache ich meine Hausaufgaben. Dann gehe ich manchmal mit meinem Bruder ins Sportzentrum. Um halb sieben essen wir zu Abend. Ich sehe oft bis neun oder zehn Uhr abends fern und dann gehe ich ins Bett. Ich muss ziemlich früh ins Bett gehen, weil meine Eltern streng sind!

Useful time expressions

am Wochenende
während der Woche
morgens
nachmittags
abends

während = *during*

6 **Schreib einige Sätze über dein Tagesprogramm.**
Write a few sentences about your daily routine.
Beispiel: Ich stehe um sieben Uhr auf.
Am Wochenende stehe ich um neun Uhr auf ...

Remember to put the verb second:

1 2 3
Abends **sehe** ich fern.

hören 1 Hör zu und lies. Welches Foto ist das?

Liebe Gisela!

1

Ich habe ein Problem. Mein Bruder Freddi ist neun Jahre alt und er ist total doof! Meine Mutter arbeitet viel und Freddi kann nicht allein zu Hause bleiben.
Letzte Woche hatte ich mit meinen Freunden Fußballtraining im Park, und Freddi war natürlich auch dabei! Er hat sehr schlecht Fußball gespielt, und es war total peinlich. Nächstes Wochenende ist im Jugendklub eine Party. Freddi möchte auch zur Party kommen, aber das geht nicht. Er ist zu jung für meine Clique! Kannst du mir bitte helfen?

Frank (14)

2 Kannst du mir bitte helfen? Ich habe ein Problem. Am Wochenende war ich mit meiner besten Freundin Katrina in der Stadt. Ich hatte Hunger und wir sind in ein Café gegangen. Ich hatte nicht viel Geld, aber wir haben eine Portion Pommes gekauft. Danach haben wir Lisa und Anja gesehen. Sie sind in meiner Klasse, und ich finde sie sehr unfreundlich. Lisa hatte drei Kinokarten und Katrina ist mit ihnen ins Kino gegangen. Zum Schluss war ich alleine im Café.
Katrina ist jetzt immer mit Lisa und Anja zusammen, und sie lachen viel über mich. Jetzt habe ich keine beste Freundin mehr! Was kann ich tun?

Susi (13)

dabei = *there, with me*
peinlich = *embarrassing*
lachen = *to laugh*

lesen 2 Lies die Briefe noch mal und beantworte die Fragen.

1 Give three details about Frank's younger brother.
2 Why does he have to look after his brother?
3 What did Frank find embarrassing?
4 What is Frank doing next weekend?
5 What did Susi and Katrina do last weekend?
6 Who is Katrina?
7 Who did Katrina go to the cinema with?
8 What is the problem with Katrina, Lisa and Anja now?

Understanding difficult sentences
● Look for words you know and try to guess what the sentence means.
● Identify key new words in the sentence and look them up. Was your guess correct?

lesen 3 Was heißt das auf Englisch?

1 Letzte Woche hatte ich Fußballtraining.
2 Ich hatte Hunger.
3 Ich hatte nicht viel Geld.
4 Lisa hatte drei Kinokarten.

ECHO • Detektiv

Ich hatte = *I had* (past tense)

Ich hatte lange Haare. = *I had* long hair.
Ich hatte eine Katze. = *I had* a cat.

Lern weiter ➡ 5.12, Seite 131

lesen 4

Für wen ist der gute Rat – für Frank oder Susi?
Who is the good advice for, Frank or Susi?

a   Du musst die drei Mädchen vergessen.
b   Du musst mit deiner Mutter sprechen und einen Kompromiss finden.
c   Du musst neue Freunde finden.
d   Kannst du manchmal zu Hause mit deinem Bruder spielen?

hören 5

Hör zu. Mach Notizen auf Englisch. (1–4)

	Problem	Answer
1	shy	find new friends

Meine Eltern sind zu müde und launisch.

Du musst deine Hausaufgaben machen.

Mein Lehrer / Meine Lehrerin ist zu streng / launisch / unfair.

Du musst neue Freunde finden.

Ich habe ein Problem! Kannst du mir helfen?

Meine Freunde sind unfair.

Du musst mehr Sport machen / zum Fitnesstraining gehen.

Ich bin zu schüchtern.

Ich bin nicht fit.

Du musst neue kleidung kaufen.

Meine Kleidung ist alt und nicht cool.

Du musst zu Hause helfen.

sprechen 6

Partnerarbeit. Mach Dialoge.
■   Ich habe ein Problem! (Ich bin nicht fit!)
●   Du musst (zum Fitnesstraining gehen).

Using a text for ideas
Use the problem letters on the facing page for useful phrases for your letter in exercise 7. Note down words and sentences you'd like to use.

schreiben 7

Schreib einen Brief über ein Problem.
Beispiel:
Liebe Gisela,
ich habe ein Problem. Kannst du mir helfen? ...

Try to use different tenses – can you refer to the past and the future in your letter?
For example:
Gestern habe ich / bin ich ...
Letzte Woche war schrecklich. Ich habe ...
Morgen fahre ich ...
Nächstes Wochenende muss ich ...

Lernzieltest

Check that you can:

1
- Suggest going out to do something
- Accept or turn down an invitation, giving a reason
- Ⓖ Create sentences with *weil*

Möchtest du am Samstag ins Kino gehen?
Es tut mir Leid, ich besuche meine Tante.
Ich kann nicht, weil ich meine Hausaufgaben mache.

2
- Talk about clothes you are planning to wear
- Ⓖ Use adjectives before nouns with correct endings

Ich trage die Hose und das T-Shirt auf der Party.
Ich trage den glitzernden Rock, die gepunktete Jacke und die schwarzen Stiefel.

3
- Ask questions to a group of friends, using *ihr*
- Ⓖ Talk about what people wore, using adjectives

Was esst ihr? Was spielt ihr?

Jessica hat einen grünen Rock getragen. Er hat ein gestreiftes Hemd getragen.

4
- Talk about which pizza toppings you like or don't like

- Ⓖ Understand and use some sequencers

Ich esse nicht gern Oliven. Sie sind eklig.
Ich esse gern Salami. Das ist lecker.
Zuerst schneiden wir die Zwiebeln … dann tun wir Käse auf den Teig … danach backen wir die Pizza … und zum Schluss essen wir sie.

5
- Talk about your daily routine, using clock times

- Ⓖ Use some separable verbs correctly

Ich frühstücke um sieben Uhr.
Ich gehe um neun Uhr abends ins Bett.
Ich stehe um sechs Uhr auf.
Ich sehe um acht Uhr fern.

6
- Ask for help with a problem

- Understand sentences with *hatte* (had)

Ich habe ein Problem. Kannst du mir helfen?
Ich hatte kein Geld. Sie hatte drei Kinokarten.

hören 1

Hör zu. Schreib die Tabelle ab und füll sie aus. (1–5)

	Was?	Wann?	Details?
1	Ich stehe auf		
2		7:00	
3			mit dem Rad
4	zu Abend essen		
5		9:00	

sprechen 2

Partnerarbeit.

- ■ Möchtest du am (Samstag) (ins Kino gehen)?
- ● Ja, gern.
- ■ Was trägst du?
- ● Ich trage (ein rotes Hemd) und (eine gestreifte Hose).

1 **Sa.**   2 **So.**   3 **Fr.**   4 **Mi.**

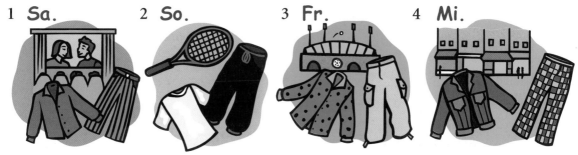

lesen 3

Lies den Text und die Fragen. Was sagt Fairuza? Was sagt Katja?

*Beispiel: Fairuza **1** Ich bin mit Katja in die Stadt gegangen …*
*Katja **1** Ich bin mit Fairuza in die Stadt gegangen …*

1 Was hast du gestern gemacht? *(3 Sachen)*

2 Wie war der Film?

3 Was hast du gegessen?

4 Was hast du getrunken?

5 Wer war auch dabei?

6 Was machst du nächste Woche?

> Gestern bin ich mit Katja in die Stadt gegangen. Es war prima! Zuerst sind wir ins Kino gegangen. Der Film war echt lustig, aber Katja hat den Film langweilig gefunden. Dann sind wir in ein Modegeschäft gegangen. Ich habe zwei gestreifte T-Shirts für zwanzig Euro gekauft. Das finde ich billig. Katja hat schöne Schuhe gekauft. Zum Schluss haben wir bei McDonalds Hamburger gegessen. Das esse ich sehr gern, weil es so lecker ist! Ich habe Cola getrunken, aber Katja hat nichts getrunken, weil sie nicht viel Geld hatte. Wir haben bei McDonalds auch Habib gesehen. Er ist so nett und lustig, aber Benno, Habibs Hund, finde ich ziemlich doof. Nächste Woche gehen wir mit Habib schwimmen und danach essen wir eine Pizza.

Fairuza

schreiben 4

Beantworte die Fragen (1, 3, 4, 5 und 6) in Aufgabe 3 für dich.
Answer the questions (1, 3, 4, 5 and 6) in exercise 3 for yourself.

Lies die Texte. Wie heißen die acht unterstrichenen Wörter auf Englisch?
Read the texts. Can you work out the meanings of the eight underlined words?

Jugendklub Sankt Paulus – Schwarzes Brett

Theatergruppe

Ist es langweilig zu Hause? Was machst du abends? Siehst du zu viel fern? Bist du laut und lustig? Kannst du gut <u>lachen</u>? Komm zur Theatergruppe! Jeden Freitagabend im Jugendklub um 19:00 Uhr. Wir machen oft Improvisation und zweimal pro Jahr üben wir ein neues <u>Theaterstück</u>. Es macht wirklich Spaß und es kostet nichts! Letztes Jahr haben wir „Das Dschungelbuch" gemacht. Es war wirklich prima. Wir haben viel gelacht. Die ganze Gruppe – dreißig Personen – hat das gemacht.

INFORMATIONEN BEI: MATTHIAS G. (HANDY - 07731 859388)

American Football

Findest du Sport in der Schule schrecklich? Ist Basketball für dich uninteressant? Komm mal American Football spielen! Der <u>schnelle</u>, <u>spannende</u> Sport ist nie langweilig! Wir trainieren jeden Samstag im Park und hier im Jugendklub am Dienstagabend. Wir suchen Spieler, Fans und einen <u>Sponsor</u>. Komm mal vorbei!

KARIN F. (SMS AN 07774 218765)

Die elektrischen Katzen

Die neue Band im Jugendklub! Kannst du singen oder Gitarre spielen? Wir suchen neue <u>Mitglieder</u> für die Band. Wir üben jeden Mittwochabend im <u>Musikraum</u> hier im Jugendklub. Wir geben hier und am Wochenende auf Partys Konzerte. Im nächsten Jahr <u>verkaufen</u> wir auch die erste CD.

DIRK W. (TELEFON – 07599 345679).

Schreib die englischen Absätze ab und füll die Lücken aus.

The theatre group is held in the ▁▁▁ club every ▁▁▁ ▁▁▁ at ▁▁▁ . They often do ▁▁▁ , and ▁▁▁ a year they rehearse a new play. It costs ▁▁▁ . ▁▁▁ ▁▁▁ they did "The Jungle Book", which was really ▁▁▁ . There are ▁▁▁ members.

The band is called The Electric ▁▁▁ . They practise every ▁▁▁ in the ▁▁▁ ▁▁▁ at the youth ▁▁▁ . They give ▁▁▁ at parties. ▁▁▁ year they will be selling their first ▁▁▁ . They are looking for new ▁▁▁ who can ▁▁▁ or play the ▁▁▁ .

The ▁▁▁ football team practise every ▁▁▁ in the ▁▁▁ and on ▁▁▁ evenings in the ▁▁▁ club. The sport is ▁▁▁ , ▁▁▁ and never ▁▁▁ . They are looking for ▁▁▁ , ▁▁▁ and a ▁▁▁ .

sprechen **3**

Partnerarbeit. Stell die Fragen und zähl die Punkte. Welche Gruppe passt am besten? *Ask the questions and count up your partner's points. Which would be the most suitable group for him / her to join?*

1 Singst du gern?
a Ja (5) b Nein (1) c Nur im Badezimmer (3)

2 Was machst du lieber?
a Rugby spielen (1) b Musik hören (3) c Freunde besuchen (5)

3 Wie oft machst du Sport?
a Nie (3) b Einmal pro Woche (5) c Jeden Tag (1)

4 Welches Fach magst du lieber?
a Englisch (5) b Sport (1) c Musik (3)

5 Trägst du gern lustige Kleidung und Make-up?
a Nein, absolut nicht (1) b Ja, ab und zu (3) c Ja, sehr gern (5)

6 Bist du laut und lustig?
a Ja, manchmal (3) b Ja, aber ich bin auch schüchtern (1) c Ja, immer (5)

schreiben **4**

Schreib ein Poster für einen Jugendklub.
Beispiel: Komm zum Jugendklub!
Spielst du gern Fußball? ...

hören **5**

Mach das Buch zu und hör zu. Notiere die Fragen und Antworten.

> **6–10 Punkte**
> American Football ist perfekt für dich!
> **11–20 Punkte**
> Die Elektrischen Katzen brauchen dich!
> **21–30 Punkte**
> Das Theater ist dein Zuhause. Geh zur Theatergruppe!

Hi! Willst du meine Freundin sein?
Dann lad ich dich zur Party ein.

Zur Party? Tut mir Leid,
dafür habe ich keine Zeit.
Weil ich mir die Haare waschen muss.
Ach, red doch keinen Stuss!

Kannst du mit mir einkaufen geh'n?
Ich hab' ein schönes Kleid geseh'n.

Einkaufen? Tut mir Leid,
dafür habe ich keine Zeit.
Weil ich heute Klavier üben muss.
Ach, red doch keinen Stuss!

Willst du mit zum Fußball gehen?
Ich will mir das Spiel ansehen.

Fußballspiel? Tut mir Leid,
dafür habe ich keine Zeit.
Weil ich Hausaufgaben machen muss.
Ach, red doch keinen Stuss!

Machst du mal den Fernseher an?
Da ist eine tolle Sendung dran.

Fernsehen? Jederzeit!
Dafür habe ich immer Zeit.
Weil ich nur „Fernseher" hören muss,
dann red ich keinen Stuss!

Einladungen

Möchtest du …
  zu meiner Party
    kommen?
  zum Fußballspiel
    gehen?
  angeln gehen?
  Tennis spielen?
  schwimmen gehen?
  in die Stadt gehen?
  ins Kino gehen?
Ja, gern.
Nein, es tut mir Leid.
Ich kann nicht.
Warum?
Ich wasche mir die
  Haare.
Ich besuche meine Oma.
Ich habe Fußballtraining.
Ich helfe zu Hause.
Ich übe Klavier.
Weil …
  ich mir die Haare
    wasche.
  ich meine
    Hausaufgaben
    mache.
  ich meine Oma
    besuche.
  ich Fußballtraining
    habe.
  ich zu Hause helfe.
  ich Klavier übe.

Wie schade!
Kannst du am Dienstag
  kommen?
Wann treffen wir uns?
Um … Uhr.

Kleidung

der Rock
die Baseballmütze
die Bluse

Invitations

Would you like to …
  come to my party?

  go to the football game?

  go fishing?
  play tennis?
  go swimming?
  go into town?
  go to the cinema?
Yes, I'd like to.
No, I'm sorry.
I can't.
Why?
I'm washing my hair.

I'm visiting my Grandma.
I've got football training.
I'm helping at home.
I'm practising the piano.
Because…
  I'm washing my hair.

  *I'm doing my
    homework.*

  *I'm visiting my
    Grandma.*
  *I've got football
    training.*
  I'm helping at home.
  *I'm practising the
    piano.*
What a shame!
*Can you come on
  Tuesday?*
When shall we meet?
At … o'clock.

Clothes

skirt
baseball cap
blouse

---

die Hose
die Jacke
das Hemd
das Kleid
das T-Shirt
die Jeans
die Schuhe
die Stiefel
bequem
gepunktet
gestreift
glitzernd
kariert
blau
gelb
grün
rot
schwarz
weiß
Ich trage …
Er / Sie trägt …
  den (kurzen Rock).
  die (lange Hose).
  das (gestreifte Hemd).
  die (schwarzen
    Schuhe).

Partys

Was esst ihr?
Wir essen heiße
  Würstchen.
Was trinkt ihr?
Wir trinken
  Orangensaft.
Was spielt ihr?
Wir spielen ein neues
  Computerspiel.
Was seht ihr?
Wir sehen einen Film.
Was hört ihr?
Wir hören eine CD.
Sie hat einen roten
  Rock getragen.

trousers
jacket
shirt
dress
t-shirt
jeans
shoes
boots
comfortable
spotted
striped
sparkly
checked
blue
yellow
green
red
black
white
I'm wearing …
He / She is wearing …
  the (short skirt).
  the (long trousers).
  the (striped skirt).
  the (black shoes).

Parties

What are you eating?
We're eating hot sausages.

What are you drinking?
*We're drinking orange
  juice.*
What are you playing?
*We're playing a new
  computer game.*
What are you watching?
We're watching a film.
What are you listening to?
We're listening to a CD.
She wore a red skirt.

Er hat eine gestreifte Jacke getragen.	*He wore a striped jacket.*
Sie hat ein blaues Hemd getragen.	*She wore a blue blouse.*
Er hat schwarze Schuhe getragen.	*He wore black shoes.*

Pizza backen / *Making pizza*

Ananas	*pineapple*
Butter	*butter*
Champignons	*mushrooms*
Käse	*cheese*
Knoblauch	*garlic*
Oliven	*olives*
Mehl	*flour*
Milch	*milk*
Paprika	*peppers*
Salami	*salami*
Schinken	*ham*
Spinat	*spinach*
Teig	*dough*
Tomaten	*tomatoes*
Zwiebeln	*onions*
Isst du gern … ?	*Do you like eating … ?*
Ja, ich esse gern …	*Yes, I like eating …*
Nein, ich esse nicht gern …	*No, I don't like eating …*
zuerst	*first*
dann	*then*
danach	*after that*
zum Schluss	*finally*

Mein Tagesprogramm / *My daily routine*

Ich wache auf.	*I wake up.*
Ich stehe auf.	*I get up.*
Ich dusche.	*I have a shower.*
Ich frühstücke.	*I have breakfast.*
Ich gehe in die Schule.	*I go to school.*
Ich komme nach Hause.	*I come home.*
Ich mache meine Hausaufgaben.	*I do my homework.*
Ich esse zu Abend.	*I have supper / dinner.*
Ich sehe fern.	*I watch TV.*
Ich gehe ins Bett.	*I go to bed.*
am Wochenende	*at the weekend*

während der Woche	*during the week*
morgens	*in the morning*
nachmittags	*in the afternoon*
abends	*in the evening*

Probleme / *Problems*

Kannst du mir helfen?	*Can you help me?*
Meine Eltern sind zu müde und launisch.	*My parents are too tired and moody.*
Du musst zu Hause helfen.	*You must help at home.*
Mein Lehrer / Meine Lehrerin ist zu streng.	*My teacher is too strict.*
Du musst deine Hausaufgaben machen.	*You must do your homework.*
Meine Freunde sind unfair.	*My friends are unfair.*
Ich bin zu schüchtern.	*I'm too shy.*
Du musst neue Freunde finden.	*You must find new friends.*
Ich bin nicht fit.	*I'm unfit.*
Du musst mehr Sport machen.	*You must do more sport.*
Meine Kleidung ist alt und nicht cool.	*My clothes are old and uncool.*
Du musst neue Kleidung kaufen.	*You must buy new clothes.*

Strategie 5

More ideas – what works for you?

Now that you're in your second year of German, it's good to find some ways of learning new vocabulary which are successful for you.

- Sing or rap your list of words, using the tune from a song that you know well.
- Teach new words to a member of your family.
- Make individual cards with new words on (German on one side and English on the other). Have a race against the clock to see how many words you can translate from German to English. Then try the same words from English to German.

6 Austausch

1 Herzlich willkommen!

Welcoming a German-speaking visitor to your home
Using *ein* (a) and *mein* (my) with the correct endings

hören 1 Hör zu. Ordne die Fotos.
Beispiel: 5, …

Frau S: Hast du Hunger?
Emily: Es geht, danke.
Frau S: Hast du Durst?
Emily: Ja. Haben Sie Cola?
Frau S: Ja, natürlich.

Andreas: Wie war die Reise?
Emily: Die Reise war ziemlich gut, danke.

Marta: Hier ist dein Zimmer.
Emily: Ach, es ist sehr schön.

Marta: Das ist meine Mutter und das ist mein Vater.
Frau S: Hallo, Emily.
Emily: Hallo.
Herr S: Herzlich willkommen in Stuttgart!

Marta: Emily! Hallo!
Emily: Marta! Hi!

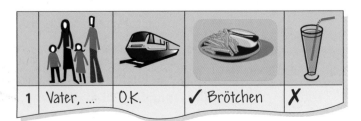

Marta: Und das ist mein Bruder, Andreas.
Andreas: Hallo, Emily!
Emily: Hi!

hören 2 Hör zu. Schreib die Tabelle ab und füll sie aus. (1–4)

👪	🚄	🥪	🥤
1 Vater, …	O.K.	✓ Brötchen	✗

Remember to say **Sie** to your friends' parents until they ask you to say **du**. For any adult you say *Sie* to, call them *Herr / Frau* and use their surname – don't call them by their first name.

 3 Partnerarbeit.

- Herzlich willkommen in (Stuttgart)!
- ● Danke.
- Wie war die Reise?
- ● Die Reise war (langweilig).
- Hast du Hunger?
- ● (Es geht, danke. / Ja. Haben Sie ein Brötchen)?
- Hast du Durst?
- ● (Ja. Haben Sie Orangensaft)?

 4 **Hör zu. Was hat Emily vergessen? (1–8)** *Listen. What has Emily forgotten?*
Beispiel: 1 c

b Handtuch (*n*)

a Wörterbuch (*n*)

c Wecker (*m*)

d Kamera (*f*)

Kuli (*m*)

e Sonnenbrille (*f*)

g Haarbürste (*f*)

f Badeanzug (*m*)

Ich habe	mein**en**	Kuli / Wecker Badeanzug	vergessen.
	mein**e**	Haarbürste Kamera Sonnenbrille	
	mein	Handtuch Wörterbuch	
	mein**e**	Socken	
Ich kann dir	ein**en**	Kuli / Wecker / Badeanzug	leihen.
	ein**e**	Haarbürste Kamera Sonnenbrille	
	ein	Handtuch Wörterbuch	
		Socken	

 5 Partnerarbeit.

- Ich habe (meine Kamera) vergessen.
- ● Ich kann dir (eine Kamera) leihen. Bitte schön.

 6 **Schreib für diese Bilder Dialoge wie in Aufgabe 5.**
Write new dialogues like the ones in exercise 5 for these pictures.

a

b

c

d

2 Was machen wir?

Making plans for the week
Using the Time-Manner-Place rule

 hören 1 **Hör zu. Was passt zusammen? (1–8)**
Beispiel: 1 d

> To make suggestions, use the **wir** form of the verb.

Fahren wir in die Stadtmitte? | Gehen wir einkaufen?

Machen wir eine Bootsfahrt?

Fahren wir Skateboard?

Sehen wir ein Fußballspiel?

Gehen wir ins Kino?

Gehen wir in die Spielhalle?

Machen wir ein Picknick?

 hören 2 **Hör zu. Schreib die Tabelle ab und füll sie aus. (1–6)**

	Tag?	Was? / Wo?	Am Morgen / Nachmittag / Abend?
1			

 hören 3 **Hör zu und wiederhole. (1–4)** ⟶

 sprechen 4 **Gruppenarbeit. Mach sieben Pläne für die Woche.**
Make seven plans for the week.

> Make your voice go up at the end of a suggestion – just like a question:
> Gehen wir einkaufen? ⤴

- ▪ Was machen wir am (Montag)?
- ● (Gehen wir einkaufen?)
- ◆ O.K. Wann machen wir das?
- ▲ Wir machen das am (Nachmittag).
- ▪ *[writes: Montag – einkaufen – Nachmittag]*
- ● Was machen wir am (Dienstag)?

> Wir machen das am Morgen / Nachmittag / Abend.

lesen 5

Lies die E-Mail. Sieh dir die Bilder aus Aufgabe 1 an. Wann machen sie das?
*Beispiel: **a** am Montagmorgen*

Hallo Clique! Wir haben Besuch aus England! Hier sind unsere Austauschpartner, Emily und Josh. Sie kommen aus Watford – das ist eine Stadt in Südengland. Wir haben einen Plan für die Woche gemacht. Also …

[1] Wir fahren am Montagmorgen mit der S-Bahn in die Stadtmitte. Dort machen wir einen Spaziergang und danach gehen wir in die Spielhalle.

[2] Wir fahren am Dienstagnachmittag mit dem Bus zum Skatepark. Josh kann sehr gut Skateboard fahren. Er zeigt uns ein paar Tricks.

[3] Wir machen am Mittwochmorgen eine Bootsfahrt. Das Boot fährt um halb zehn ab und die Fahrkarten kosten drei Euro.

[4] Wir gehen am Donnerstagabend ins Kino. Wir treffen uns um halb sechs vor dem Skala-Kino. Wir sehen *Spider-Man 4*.

[5] Wir fahren am Freitagnachmittag mit dem Rad zum Park und machen ein Picknick. Alle müssen etwas mitbringen, zum Beispiel Chips, Brötchen, Cola oder Limo.

[6] Wir gehen am Samstagmorgen einkaufen. Wir sehen am Samstagnachmittag ein Fußballspiel: Stuttgart gegen Bochum. Ein Ticket kostet zwölf Euro. Wir fahren um zehn Uhr mit der S-Bahn zum Stadion.

Bis bald! Marta + Thomas

> **die Clique** = *group of friends*
> **wir haben Besuch** = *we've got a visitor / visitors*
> **ein paar** = *a few*
> **wir treffen uns** = *we're meeting*
> **mitbringen** = *to bring along*

lesen 6

Lies die E-Mail noch mal. Beantworte die Fragen auf Deutsch.

1. Wann machen sie einen Spaziergang?
2. Wie fahren sie am Dienstag zum Skatepark?
3. Wie viel kostet die Bootsfahrt am Mittwoch?
4. Was sehen sie am Donnerstag?
5. Wo machen sie am Freitag ein Picknick?
6. Wohin fahren sie am Samstag?

Wir fahren am Montag …	mit dem	Rad Bus	zum	Park Stadion Skatepark.
	mit der	S-Bahn U-Bahn	zur	Spielhalle.

ECHO • Detektiv

Time – Manner – Place

	Time (when?)	Manner (how?)	Place (where?)
Wir fahren	am Sonntag	mit dem Rad	in die Stadtmitte.

Lern weiter ➡ 7.3, Seite 133

schreiben 7

Lös das Rätsel und schreib die Sätze auf.
*Beispiel: **1** Wir fahren am Dienstag mit dem Bus zum Stadion.*

Reading a longer text about a school trip
Reading and listening for information about the past, present and future

hören **1** Hör zu und lies. Welches Bild ist das?
Beispiel: **1** b

1
Hallo Mama und Papa! Wie geht's? Uns geht's prima! Ich habe schon sehr viel gemacht: Das Wetter am Montag war warm und sonnig, also bin ich Wildwasser gefahren. Das war spannend! Leider fährt Sophie nicht gern Wildwasser. Ich habe auch eine Mountainbiketour gemacht.

2
Vorgestern bin ich Kajak gefahren. Das war ziemlich schwierig, aber es hat Spaß gemacht. Das Wasser war sehr kalt – brrr!

3
Und gestern – was habe ich gestern gemacht? Ach ja, ich bin mit dem Bus nach Krems gefahren. Krems ist eine alte Stadt – sehr schön und interessant. Dort habe ich einen Spaziergang gemacht. Sophie hat viele Fotos gemacht. Leider war das Wetter schlecht – es hat geregnet. Das war schade.

4
Heute ist Ruhetag. Ich faulenze jetzt in der Sonne – super! Sophie macht Fotos.

5
Morgen gehe ich windsurfen – das finde ich toll, aber Sophie mag das nicht.

6
Übermorgen gehe ich reiten. Sophie reitet gern, aber ich finde es nicht so toll. Schade!

lesen **2** Lies die Texte noch mal. Vergangenheit, Gegenwart oder Zukunft?
Read the texts again. Past, present or future?
Beispiel: **1** past

 ECHO • Detektiv

Past, present or future?

Past
- perfect tense
- **war / hatte**
- expressions like **vorgestern** (the day before yesterday), **gestern** (yesterday)

Present
- present tense
- expressions like **im Moment** (at present), **jetzt** (now)

Future
- present tense
- expressions like **morgen** (tomorrow), **übermorgen** (the day after tomorrow)

Lern weiter ➡ 6.1, Seite 131

hören 3 Hör zu. Welches Bild ist das? Vergangenheit, Gegenwart oder Zukunft? (1–3)
Beispiel: 1 b Vergangenheit, ...

a   b   c   d   e   f

sprechen 4 Partnerarbeit. Welcher Tag ist heute?

Abenteuerzentrum Vorarlberg – Aktivitäten

Mo.	Mountainbiketour machen	oder	windsurfen gehen
Di.	Spaziergang machen	oder	Reitkurs machen
Mi.	Wildwasser fahren	oder	Spaziergang machen
Do.	Kajak fahren	oder	Mountainbiketour machen
Fr.	windsurfen gehen	oder	Wildwasser fahren
Sa.	Reitkurs machen	oder	Kajak fahren

■ Was hast du gestern gemacht?
● Gestern (habe ich eine Mountainbiketour gemacht).
■ Was machst du morgen?
● Morgen (fahre ich Kajak).
■ Heute ist (Freitag)!

Gestern

habe	ich	eine Mountainbiketour einen Reitkurs / Spaziergang	gemacht.
bin		windsurfen	gegangen.
		Kajak / Wildwasser	gefahren.

Morgen

mache	ich	eine Mountainbiketour. einen Reitkurs / Spaziergang.
gehe		windsurfen.
fahre		Kajak / Wildwasser.

schreiben 5 Du bist auf einer Klassenfahrt nach Österreich. Schreib einen Brief.

● Was hast du gestern und vorgestern gemacht?
● Was machst du jetzt?
● Was machst du morgen und übermorgen?

 Mini-Test • Check that you can

1 introduce the members of your family
2 say that you have forgotten five things
3 make three suggestions about things to see and do in your area
4 describe your plans for a day out, using the Time-Manner-Place rule
5 say what you did yesterday and the day before
6 say what you are going to do tomorrow and the day after

Learning about a German city

Writing about a shopping trip in the perfect tense using *sie* (they)

 1 Lies die Sätze. Dann hör zu. Wie ist die richtige Reihenfolge? (1–6)

Beispiel: 1 f

a

Emily und Marta sind zum Alten Schloss gegangen.

b

Sie sind zum Schlossplatz gegangen.

c

Sie sind zur Markthalle gegangen.

d

Sie sind zur Königstraße gegangen.

e

Sie sind zum Marktplatz gegangen.

f

Sie sind zum Hauptbahnhof gefahren.

Most German cities were heavily bombed by the British and Americans in World War 2 (1939–45) and many old buildings were destroyed (*zerstört*). Many of them have now been rebuilt (*wieder aufgebaut*).

ALTES SCHLOSS
941 GEBAUT
1944 ZERSTÖRT
1969 WIEDER AUFGEBAUT

ECHO • Detektiv

Using the perfect tense with *sie* (they)

Sie haben	gekauft.
Sie sind	gegangen / gefahren.

Lern weiter ➡ 5.8, Seite 129

hören 2

Hör noch mal zu. Wo waren sie und was haben sie gekauft? (1–6)
Beispiel: 1 am Kiosk – einen Stadtplan

> an der Brezelbude
> am Kiosk
> im Kaufhaus
> in der Konditorei
> in der Markthalle
> im Souvenirladen

> einen Stadtplan
> eine Brezel
> eine Bratwurst
> ein Stück Kuchen
> Geschenke
> Postkarten

sprechen 3

Partnerarbeit: Memoryspiel.

■ Sie haben an der Brezelbude eine Brezel gekauft ….
● Sie haben an der Brezelbude eine Brezel gekauft und sie haben im Kaufhaus Geschenke gekauft …

hören 4

Hör noch mal zu. Was ist richtig?
1 Der Hauptbahnhof ist *ziemlich groß / sehr klein / sehr groß.*
2 In der Königstraße gibt es *viele Autos / viele Geschäfte / keine Menschen.*
3 Die Brezel war *eklig / lecker / O.K.*
4 Im Sommer gibt es am Schlossplatz *Fußballspiele / Theaterstücke / Rockkonzerte.*
5 Der Kuchen war *gut / schlecht / lecker.*
6 Das Alte Schloss ist *180 / 800 / 1800* Jahre alt.
7 Das Kaufhaus Breuninger ist *sehr / ziemlich / nicht sehr* groß.
8 Das Kaufhaus Breuninger ist *am Schlossplatz / am Marktplatz / in der Markthalle.*

schreiben 5

Schreib einen Text mit deinen Antworten. *Use your answers to exercises 1, 3 and 4 to write a text about Emily's and Marta's shopping trip.*
Beispiel:

1 Use *zuerst* and *dann* to show the order in which things happened.

Emily und Marta haben einen Spaziergang in Stuttgart gemacht. **1** <u>Zuerst</u> sind **2** <u>sie</u> zum Hauptbahnhof gefahren **3** <u>und</u> sie haben am Kiosk einen Stadtplan gekauft. Der Hauptbahnhof **4** <u>ist</u> ziemlich groß. Dann sind sie …

2 Use *sie* to avoid repeating *Emily und Marta* all the time.

3 Use *und* to make some short sentences into longer ones.

4 Give general information about places in the present tense.

5 Das Stuttgart-Spiel

Playing a game in German
Talking about the past and present

 hören 1

Hör zu und lies.

■ Ich bin dran. *[throws* *]* Ich habe eine Vier. Eins, zwei, drei, vier.
● Bronze, Silber oder Gold?
■ Bronze.
● Was **kann** man in Stuttgart **machen**?
■ Man **kann** Skateboard **fahren**.
● Richtig. Einen Punkt. *[throws* 🎲 *]*
  Ich habe eine Zwei. Eins, zwei.
  Bronze, Silber oder Gold?
● Silber.
■ Was **machst** du in Stuttgart?
● Ich **esse** ein Eis.
■ Richtig. Zwei Punkte.
  Ich bin dran. *[throws* 🎲 *]*
  Ich habe eine Fünf.
  Eins, zwei, drei, vier, fünf.
● Bronze, Silber oder Gold?
■ Gold.
● Was **hast** du in Stuttgart **gemacht**?
■ Ich **bin** ins Kino **gegangen**.
● Richtig. Drei Punkte. Ich bin dran …

> The winner is the player who gets the most points, not the one who gets to the finish first!

 sprechen 2

Partnerarbeit. Spiel das Stuttgart-Spiel. Du brauchst einen 🎲 .

Gold	🏅	Was **hast** du in Stuttgart **gemacht**?	3 Punkte
Silber	🏅	Was **machst** du in Stuttgart?	2 Punkte
Bronze	🏅	Was **kann** man in Stuttgart **machen**?	1 Punkt
Falsch	✗		0 Punkte

Start

1 eine Bootsfahrt machen	**2** ein Eis essen	**3** + 1 Punkt	**4** Skateboard fahren	**5** ein Fußballspiel sehen
10 − 2 Punkte	**9** KINO — ins Kino gehen	**8** ein Konzert sehen	**7** + 2 Punkte	**6** in die Stadtmitte fahren
11 Geschenke kaufen	**12** einen Milchshake trinken	**13** − 3 Punkte	**14** im Park spazieren gehen	**15** Kuchen essen
20 + 3 Punkte	**19** Postkarten kaufen	**18** schwimmen gehen	**17** − 1 Punkt	**16** zum Markt gehen
21 eine Bratwurst essen	**22** c@fé ins Internet-Café gehen	**23** eine Radtour machen	**24** + 2 Punkte	**25** einen Kaffee trinken

Ziel

Lernzieltest

Check that you can:

1
- Say you have forgotten three things, using *meinen / meine / mein* correctly

  Ich habe meinen Kuli / meine Kamera / mein Handtuch vergessen.

- Offer to lend somebody three things, using *einen / eine / ein* correctly

  Ich kann dir einen Kuli / eine Kamera / ein Handtuch leihen.

2
- Make three suggestions for things to do locally

  Gehen wir einkaufen? Gehen wir in die Spielhalle? Sehen wir ein Fußballspiel?

- Ⓖ Describe a plan, using the Time-Manner-Place rule

  Wir fahren am Donnerstag mit dem Bus in die Stadtmitte.

3
- Say what you did on an adventure holiday
- Say what you are going to do on an adventure holiday

  Ich bin windsurfen gegangen. Ich habe einen Reitkurs gemacht. Morgen gehe ich reiten.

- Ⓖ Say what clues tell you that a text is about the past or the future

  Perfect tense with time expressions like gestern *and* vorgestern
  Present tense with time expressions like morgen *and* übermorgen

4
- Ⓖ Describe three things some people did in town, using the perfect tense and *sie* (they)
- Use *zuerst* and *dann* to show the order in which things happened

  Sie sind zum Kaufhaus gegangen. Sie haben Geschenke gekauft. Sie haben ein Stück Kuchen gegessen. Zuerst sind sie zum Hauptbahnhof gefahren. Dann sind sie zum Marktplatz gegangen.

5
- Say three things you can do in the local area

  Man kann Skateboard fahren. Man kann ein Eis essen. Man kann ins Internet-Café gehen.

- Ⓖ Say you are going to do three things, using the present tense
- Ⓖ Say you did three things, using the perfect tense

  Ich fahre Skateboard. Ich esse ein Eis. Ich gehe ins Internet-Café.
  Ich bin Skateboard gefahren. Ich habe ein Eis gegessen. Ich bin ins Internet-Café gegangen.

Wiederholung

Hör zu und füll die Tabelle aus. (1–4)

	1	2	3	4
Who has come from Britain?	Amber			
Who is the exchange partner?	Svenja			
Who is introduced?	mother, ...			
How was the trip?	very interesting			
What is offered?	bread roll, ...			

Justin ~~Amber~~ Michael ~~Svenja~~
Lotte Ryan Nils Megan

Partnerarbeit.

■ Was hast du (gestern) gemacht?

● …

■ Und was machst du (morgen)?

● …

gestern   morgen

vorgestern   morgen

gestern   übermorgen

heute Morgen   heute Abend

Lies den Brief und beantworte die Fragen.

1 Welche Probleme gibt es mit der Klassenfahrt?
2 Was hat Karl am Freitag gemacht?
3 Warum war das langweilig?
4 Wie ist die Stadt Breege?
5 Was war gut? Warum?
6 Wer ist ins Wasser gefallen?
7 Was macht Karl heute Nachmittag?
8 Warum findet er das gut?

Du machst eine Klassenfahrt in die Schweiz. Schreib einen Brief an deinen Brieffreund / deine Brieffreundin.

● Was hast du vorgestern und gestern gemacht?
● Wie war es?
● Was machst du heute Abend und morgen?
● Wie findest du das?

Die Klassenfahrt ist furchtbar! Das Wetter ist schlecht, der Campingplatz ist ziemlich klein und das Essen ist eklig. Heute ist Sonntag.
Am Freitag sind wir Kajak gefahren. Das war langweilig – wir haben den ganzen Tag im Schwimmbad geübt! Am Samstag haben wir einen Spaziergang in Breege gemacht. Das war nicht sehr interessant, weil Breege ziemlich klein ist. Es gibt keine Spielhalle und kein Sportzentrum. Gestern haben wir einen Windsurfkurs gemacht. Das war prima. Ich bin sehr schnell gefahren – es war ziemlich windig. Sophie war hoffnungslos – sie ist immer wieder ins Wasser gefallen. Das war komisch! Wir haben alle gelacht (Sophie auch). Heute Nachmittag fahren wir nach Stralsund. Spitze! Stralsund ist eine schöne Stadt. Am Dienstag fahren wir zurück nach Hause. **Karl**

Fr.	Windsurfen *prima!*
Sa.	Mountainbiketour *anstrengend!*
So. *heute*	Kino *lustig!*
Mo.	Ausflug nach St. Gallen *langweilig!*

Herzlich willkommen! — *Welcome!*

Herzlich willkommen in (Stuttgart)!	*Welcome to (Stuttgart)!*
Danke.	*Thanks.*
Wie war die Reise?	*How was the journey?*
Die Reise war …	*The journey was …*
langweilig.	*boring.*
sehr interessant.	*very interesting.*
ziemlich gut.	*quite good.*
Hast du Hunger?	*Are you hungry?*
Es geht, danke.	*I'm fine, thanks.*
Hast du Durst?	*Are you thirsty?*
Ja. Haben Sie Orangensaft?	*Yes. Have you got any orange juice?*
Ich habe (meinen Kuli) vergessen.	*I've forgotten (my pen).*
meinen Wecker	*my alarm clock.*
meinen Badeanzug	*my swimming costume.*
meine Haarbürste	*my hairbrush.*
meine Kamera	*my camera.*
meine Sonnenbrille	*my sunglasses.*
mein Handtuch	*my towel.*
mein Wörterbuch	*my dictionary.*
meine Socken	*my socks.*
Ich kann dir (einen Kuli) leihen.	*I can lend you (a pen).*
einen Wecker	*an alarm clock.*
einen Badeanzug	*a swimsuit.*
eine Haarbürste	*a hairbrush.*
eine Kamera	*a camera.*
eine Sonnenbrille	*a pair of sunglasses.*
ein Handtuch	*a towel.*
ein Wörterbuch	*a dictionary.*
Socken	*socks.*

Was machen wir? — *What shall we do?*

Fahren wir in die Stadtmitte?	*Shall we go into town?*
Gehen wir einkaufen?	*Shall we go shopping?*
Machen wir eine Bootsfahrt?	*Shall we go on a boat trip?*
Fahren wir Skateboard?	*Shall we go skateboarding?*
Sehen wir ein Fußballspiel?	*Shall we watch a football match?*
Gehen wir ins Kino?	*Shall we go to the cinema?*
Gehen wir in die Spielhalle?	*Shall we go to the games arcade?*
Machen wir ein Picknick?	*Shall we have a picnic?*
Was machen wir am (Montag)?	*What shall we do on (Monday)?*
Wann machen wir das?	*When shall we do that?*
Wir machen das …	*We'll do it …*
am Morgen.	*in the morning.*
am Nachmittag.	*in the afternoon.*
am Abend.	*in the evening.*
Wir fahren am (Montag) …	*On (Monday) we're going …*
mit dem Rad.	*by bike.*
mit dem Bus.	*by bus.*
mit der S-Bahn.	*by tram.*
mit der U-Bahn.	*by tube.*
zum Park.	*to the park.*
zum Stadion.	*to the stadium.*
zum Skatepark.	*to the skatepark.*
zur Spielhalle.	*to the games arcade.*

Was hast du gestern gemacht? — *What did you do yesterday?*

Ich habe eine Mountainbiketour gemacht.	*I went on a mountainbike ride.*
Ich habe einen Reitkurs gemacht.	*I did a horseriding course.*
Ich habe einen Spaziergang gemacht.	*I went for a walk.*
Ich bin windsurfen gegangen.	*I went windsurfing.*
Ich bin Kajak gefahren.	*I went kayaking.*
Ich bin Wildwasser gefahren.	*I went white water rafting.*

Was machst du morgen? — *What are you doing tomorrow?*

Ich mache eine Mountainbiketour.	*I'm going on a mountainbike ride.*
Ich mache einen Reitkurs.	*I'm doing a horseriding course.*
Ich mache einen Spaziergang.	*I'm going for a walk.*
Ich gehe windsurfen.	*I'm going windsurfing.*

Ich fahre Kajak.
Ich fahre Wildwasser.

I'm going kayaking.
I'm going white water rafting.

Ein Spaziergang in der Stadt

Sie sind … gegangen.
  zum Alten Schloss
  zum Schlossplatz
  zur Markthalle
  zur Königstraße
  zum Marktplatz
  zum Hauptbahnhof
Sie haben am Kiosk einen Stadtplan gekauft.

Sie haben an der Brezelbude eine Brezel gekauft.

Sie haben in der Konditorei ein Stück Kuchen gekauft.

Sie haben in der Markthalle eine Bratwurst gekauft.

Sie haben im Souvenirladen Postkarten gekauft.
Sie haben im Kaufhaus Geschenke gekauft.

A walk in town

They went …
  to the Old Castle
  to Castle Square
  to the indoor market
  to Königsstraße
  to Market Square
  to the main station
They bought a streetmap at the kiosk.

They bought a pretzel at the pretzel stand.

They bought a piece of cake at the cake shop.

They bought a bratwurst sausage at the indoor market.
They bought postcards at the souvenir shop.

They bought presents in the department store.

Was machst du in Stuttgart?

Ich mache eine Bootsfahrt.
Ich esse ein Eis.

Ich fahre Skateboard.
Ich sehe ein Fußballspiel.
Ich gehe ins Kino.
Ich sehe ein Konzert.
Ich fahre in die Stadtmitte.
Ich kaufe Geschenke.
Ich trinke einen Milchshake.

What are you going to do in Stuttgart?

I'm going on a boat trip.

I'm going to eat an ice-cream.
I'm going skateboarding.
I'm going to watch a football match.
I'm going to the cinema.
I'm going to see a concert.
I'm going into town.

I'm going to buy presents.
I'm going to drink a milkshake.

Ich gehe im Park spazieren.
Ich esse Kuchen.
Ich kaufe Postkarten.
Ich gehe schwimmen.
Ich gehe zum Markt.
Ich esse eine Bratwurst.

Ich gehe ins Internet-Café.
Ich mache eine Radtour.
Ich trinke einen Kaffee.

I'm going for a walk in the park.
I'm going to eat cake.
I'm going to buy postcards.
I'm going swimming.
I'm going to the market.
I'm going to eat a bratwurst sausage.
I'm going to the internet café.
I'm going on a bike ride.
I'm going to drink a coffee.

Was hast du in Stuttgart gemacht?

Ich habe (eine Bootsfahrt gemacht).
  ein Eis gegessen.
  ein Konzert gesehen.
  Geschenke gekauft.
  einen Milchshake getrunken.
Ich bin (Skateboard) gefahren.
  ins Kino gegangen.
  in die Stadtmitte gefahren.

What did you do in Stuttgart?

I (went on a boat trip).

I ate an ice-cream.
I saw a concert.
I bought presents.
I drank a milkshake.

I went (skateboarding).

I went to the cinema.
I went into town.

Strategie 6

Showing just how much you know

By the time you finish this book, think about just how much German you really know! There are lots of ways you could build a sentence with the phrase … *Spaghetti essen*. Just add *ich möchte, ich muss* or *ich kann*.

You could also add other phrases like *jeden Tag* (every day), *manchmal* (sometimes), *oft* (often), *ab und zu* (from time to time), *selten* (seldom), *nie* (never): *Ich muss oft Spaghetti essen*.

Give yourself two minutes and see just how many sentences you can write down including the phrase '… *Gitarre spielen*'.

lesen 1

Finde die richtigen Bilder. *Find the correct pictures.*
Beispiel: **1** *f, c*

1 Im Winter ist es kalt und ich spiele Basketball.
2 Im Sommer ist es heiß und ich gehe einkaufen.
3 Im Herbst ist es windig und ich spiele Fußball.
4 Im Frühling ist das Wetter schön und ich spiele Tennis.
5 Im Winter schneit es und ich faulenze mit meinen Freunden.

a b c d e f g h i j

lesen 2

Zeichne die Uhren. *Draw clock faces showing these times.*

1 Es ist zwei Uhr.
2 Es ist zehn nach acht.
3 Es ist Viertel nach eins.
4 Es ist halb neun.
5 Es ist zwanzig vor zwölf.
6 Es ist Viertel vor vier.

schreiben 3

Schreib die Partizipien auf. *Find and write down the six past participles hidden here. (Clue: look at every second letter!)*
Beispiel: gespielt

gxezsxpzixezlxtzgzexwzoxhznxtzgxezkxazuxfztxgzexgzaxnzgxeznxgxezsxezhxeznxgzexmzaxczhxtz

schreiben 4

Schreib Sätze für die Bilder mit den Partizipien.
Use the participles you found to complete a caption for each picture.
Beispiel: **1** Ich habe in einem Hotel gewohnt.

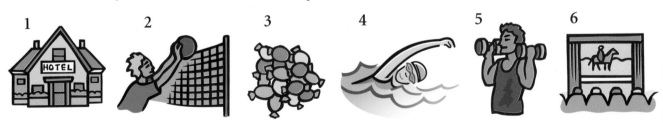

1 2 3 4 5 6

Ich habe einen Film …

Ich habe in einem Hotel …

Ich habe Fitnesstraining …

Ich habe Volleyball …

Ich habe Bonbons …

Ich bin schwimmen …

lesen 1

Lies den Text. Schreib Kais Familienstammbaum ab und füll ihn aus.

Read the text. Copy Kai's family tree and fill in the names.

Beispiel: **1** Oma, Marianne

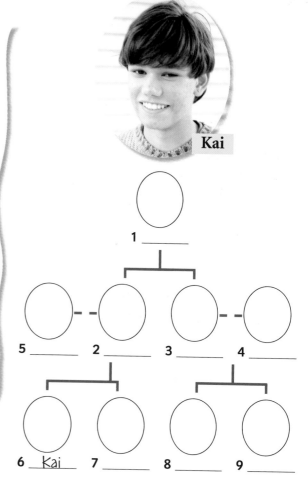

Kai

Hallo! Ich bin Kai. In den Sommerferien war ich mit meiner Familie in Spanien. Mein Cousin Paul war auch mit seiner Familie dort. Naja, es war O.k.

Ich bin jeden Tag mit meiner Mutter, Ulrike, schwimmen gegangen. Ich bin mit Tante Christina in die Stadt gegangen. Sie kann nicht gut Spanisch sprechen - das ist so lustig!

Ich habe mit Onkel Johannes und mit meinem Stiefvater Mark Golf gespielt - das finde ich so langweilig.

Jeden Abend habe ich mit Paul Volleyball gespielt. Es war sehr sonnig und Paul war ganz rot und sehr launisch. Meine Schwester Anja isst gern Paella, aber die Paella hat nicht so gut geschmeckt und dann war meine Schwester krank.

Meine Oma, Marianne, findet das Wetter in Spanien zu heiß. Sie war jeden Tag mit dem Baby (mit meiner kleinen Cousine Iris) in der Wohnung.

1 _____

5 _____ 2 _____ 3 _____ 4 _____

6 _Kai_ 7 _____ 8 _____ 9 _____

lesen 2

Lies den Text noch mal. Wer ist das?

Beispiel: **1** Paul

1 Ich habe mit Kai Volleyball gespielt.
2 Ich finde das Wetter in Spanien zu heiß.
3 Ich finde Golf langweilig.
4 Mein Spanisch ist nicht gut.
5 Mein Cousin war rot und launisch.
6 Ich bin jeden Tag mit Kai schwimmen gegangen.
7 Ich habe Paella gegessen.
8 Ich habe mit Kai Golf gespielt.

schreiben 3

Beantworte die Fragen.

1 Was machst du im Sommer mit deinen Freunden?

2 Wie ist im Winter das Wetter in England?

3 Wo warst du in den Sommerferien?

4 Wie war es?

5 Was hast du gemacht?

lesen 1

Wo gehst du einkaufen? Füll die Lücken aus.

1 _ u _ kl _ _ _ n

2 _ r _ _ _ r _ e _

3 _ e _ _ g _ r _ i

4 _ _ c _ _ r _ i

5 M _ _ _ g _ _ c _ _ _ t

6 _ p _ _ _ g _ s _ _ _ _ t

lesen 2

Wo kauft man das? Wie viel hat es gekostet?
Where do you buy that? How much did it cost?
Beispiel: **a** Metzgerei, €2,40

a Ich habe 500 Gramm Schinken gekauft. Das hat zwei Euro vierzig gekostet.

b Ich habe Make-up gekauft. Das hat drei Euro fünfzig gekostet.

c Ich habe neue Jeans gekauft. Das hat fünfzig Euro gekostet.

d Ich habe zwei CDs für meinen Bruder gekauft. Das hat zweiundzwanzig Euro gekostet.

e Ich habe einen Fußball gekauft. Das hat zwölf Euro gekostet.

f Ich habe vier Brötchen gekauft. Das hat ein Euro dreißig gekostet.

schreiben 3

Schreib eine Einkaufsliste.
Write a shopping list.
Beispiel: fünf Orangen
      sechs ...

500 g

100 g

lesen 4

Was passt zusammen?
Beispiel: **1** e

1 Wie viel Taschengeld bekommst du?
2 Was kaufst du?
3 Worauf sparst du?
4 Was isst du gern?
5 Was isst du nicht gern?

a Ich kaufe <u>Kleidung</u> und <u>Computerspiele</u>.
b Ich esse nicht gern <u>Käse</u>.
c Ich spare auf <u>einen Musik-Player</u>.
d Ich esse gern <u>Pizza</u>.
e Ich bekomme <u>zehn</u> Pfund pro Woche.

schreiben 5

Beantworte die fünf Fragen oben. Verändere die unterstrichenen Wörter.
Write your own answers to the five questions above. Change the underlined words.

schreiben 1

Wie ist es richtig? *Write the menu out correctly.*

Café am Theater
Speisekarte

Vorspeise
Schokoladentorte
Steak mit Champignons und Kartoffeln

Hauptgericht
Milchshake
Kleiner Salat mit Tomaten und Zwiebeln

Nachtisch
Fisch mit Reis
Mineralwasser oder Apfelsaft

Getränke
Hähnchensuppe
Erdbeeren mit Vanilleeis

schreiben 2

Was haben sie im Café am Theater gegessen?
a Ich habe als Vorspeise die Hähnchensuppe gegessen. ...

lesen 3

Lies den Text und beantworte die Fragen in ganzen Sätzen.
Beispiel: 1 Steffi wohnt in Sachsen, im Osten von Deutschland.

Taschengeld

Hi! Ich heiße Steffi Ellberg. Ich wohne in einem kleinen Dorf in Sachsen, im Osten von Deutschland. Ich bekomme von meiner Mutter dreißig Euro Taschengeld pro Woche – das finde ich ziemlich gut. Meine Mutter kauft auch meine Schulkleidung.

Wir haben ein kleines Geschäft im Dorf und ich kaufe dort Bonbons und Zeitschriften.

Am Wochenende fahre ich mit meinen Freunden mit dem Bus in die Stadt. Wir gehen oft im Modegeschäft einkaufen.

Letztes Wochenende habe ich einen blauen Minirock gekauft. Er ist so schick! Er hat nur zwanzig Euro gekostet. Meine Freundin Angelika hat tolle Sportschuhe gekauft.

Tja, sparen finde ich schwierig. Ich möchte ein neues Handy kaufen, also spare ich fünf oder zehn Euro pro Woche, aber das geht nicht schnell!

1 Wo wohnt Steffi?
2 Wie viel Taschengeld bekommt sie?
3 Was kauft sie im Dorf?
4 Wie fährt sie in die Stadt?
5 Was hat der neue Minirock gekostet?
6 Wie viel Geld spart Steffi pro Woche?

lesen 4

Can you find five compound nouns (made of two words put together) in the article about Steffi? Translate them into English.
Beispiel: Schulkeidung (Schul + Kleidung) – school clothes

lesen **1**

Bilde sechs zusammengesetzte Wörter für Fernsehsendungen.
Make six words for TV programmes.

Sport   Seifen
Kinder
Tier   Nach
Dokumentar

sendung
oper   richten
film   sendung
sendung

schreiben **2**

Vervollständige die Sätze. *Choose an ending for each sentence about yourself.*
Beispiel: 1 Ich sehe gern Musiksendungen.

1   Ich sehe gern *Seifenopern / Komödien / Musiksendungen*.
2   Meine Lieblingssendung ist *eine Sportsendung / eine Tiersendung / eine Seifenoper*.
3   Ich sehe nicht so gern *Tiersendungen / Dokumentarfilme / die Nachrichten*.
4   Gestern Abend habe ich *einen Zeichentrickfilm / einen Krimi / eine Quizsendung* gesehen.
5   Ich sehe lieber *Filme / Seifenopern / Sportsendungen*.
6   Ich finde *Musiksendungen / Kindersendungen / Dokumentarfilme* langweilig.

lesen **3**

Lies den Text und ordne die Bilder.
Read the text and put the pictures in the right order.
Beispiel: c, ...

Was mache ich am Wochenende? Ich gehe manchmal mit meiner Mutter einkaufen. Wir gehen zum Supermarkt in der Stadt.

Ich schicke immer SMS – das finde ich lustig. Ich spiele nie Fußball – das ist langweilig! Ich spiele lieber Basketball.

Ich sehe auch manchmal fern. Meine Lieblingssendung heißt „Sportschau". Das ist natürlich eine Sportsendung. Manchmal übe ich Gitarre, aber ich spiele nicht sehr gut!

Peter

lesen **4**

Lies den Text noch mal. Wie oft macht er das?
Read the text again. How often does he do each thing (always, sometimes or never)?
Beispiel: a sometimes

lesen 1

Schreib die Sätze zu Ende.

1 Wir sehen nicht so gern die ___ .Wir sehen lieber ___.
2 Ich mache nicht so gern meine ___. Ich spiele lieber ___.
3 Gestern Abend hat Anja ___ gehört, aber sie besucht lieber ___.
4 Meine Brüder üben gern ___, aber sie gehen lieber ___.
5 Ich helfe nicht so gern ___. Ich surfe lieber ___.

> Nachrichten
> Fußball   zu Hause
> ins Sportzentrum
> Seifenopern
> Musik   im Internet
> Hausaufgaben
> ihre Freunde
> Gitarre

lesen 2

Wie ist die richtige Reihenfolge?

Beispiel: d, ...

a Wir sind um acht Uhr morgens mit dem Auto von Manchester zum Freizeitpark „Alton Towers" gefahren. Ich habe im Auto ein Buch gelesen. Ich habe auch Musik gehört und Schokolade gegessen. James hat auch gelesen, Rachel hat SMS geschickt und Ben hat geschlafen. Meine Mutter fährt ziemlich schnell auf der Autobahn und die Reise war nicht zu lang!

b Schreib bald! Dein Richard

c Der Tag im Freizeitpark war wirklich toll. Wir haben sehr viel gemacht und sehr viel gegessen. Ich habe ein T-Shirt und einen Kuli gekauft. Wir sind um 17:30 Uhr nach Hause gefahren und ich war sehr müde.

d Hallo Jürgen! Wie geht's? Was hast du am Wochenende gemacht?

e Es war mein Geburtstag und ich bin mit meinen Freunden zum Freizeitpark „Alton Towers" gefahren. Es war fantastisch!

lesen 3

Richtig (R), falsch (F) oder nicht im Text (N)?

1 Richard ist von Manchester zum Freizeitpark „Alton Towers" gefahren.
2 Er ist mit dem Bus gefahren.
3 Richard ist dreizehn.
4 James hat im Auto gelesen.
5 Die Reise war sehr lang.
6 Der Freizeitpark war sehr gut.
7 Richard hat ein T-Shirt gekauft.
8 Er ist um halb fünf nach Hause gefahren.

schreiben 4

Sieh dir die Bilder unten an. Schreib den Text neu aus.
Look at the pictures below. Write out the text again using the pictures.
Wir sind mit dem Bus ...

Wir sind mit dem <u>Zug</u> nach <u>Stuttgart</u> gefahren. Im <u>Zug</u> haben wir <u>eine Banane</u> und <u>Pommes</u> gegessen. Wir haben auch <u>Limo</u> getrunken. Die Reise war ziemlich lang. Wir haben im <u>Zug Filme</u> gesehen. Wir haben auch <u>getanzt</u>. <u>Stuttgart</u> war toll!

schreiben 1

Schreib die Wörter auf. Finde die Paare.
Beispiel: der Kopf – a

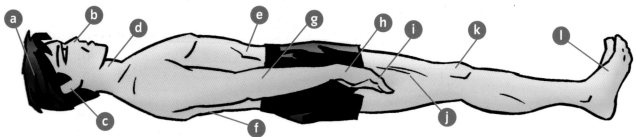

derkopfdienasedieohrenderhalsderrückenderarmdiehandderfingerderbauchdasbeindaskniederfuß

schreiben 2

Füll die Lücken aus. Schreib die Entschuldigung auf.
Find the correct sick note for each person and write it out correctly.

a Susis ___ tut weh. Sie kann heute nicht Fußball ___.

b Peter ist ___. Er hat Bauchschmerzen. Er kann nicht ___.

c Lisas ___ tun weh. Sie ___ heute nicht lesen.

d Andreas hat Hals___. Er kann heute nicht ___.

Augen   schmerzen   krank   kann   singen   Knie   essen   spielen

lesen 3

Lies die Texte und beantworte die Fragen.

Ich bin selten krank. Ich bin fit und sportlich. Ich spiele jede Woche Basketball und ich gehe manchmal schwimmen. Ich esse jeden Tag Obst, zum Beispiel Äpfel und Bananen. Das ist gesund.

Anika

Ich bin nicht sportlich und ich mache nur einmal pro Woche Sport. Das ist in der Schule. Ich trinke ab und zu Mineralwasser, aber das finde ich langweilig. Ich trinke lieber Cola. Mein Lieblingsessen ist Schokolade – das ist natürlich nicht so gesund.

Otto

1 Wie oft ist Anika krank?
2 Wie oft spielt sie Basketball?
3 Wie oft geht sie schwimmen?
4 Wie findet sie Obst?

5 Wie oft macht Otto Sport?
6 Wie oft trinkt er Mineralwasser?
7 Wie findet er das?
8 Was ist sein Lieblingsessen?

lesen 1

Schreib die Tabelle ab und füll sie auf Englisch aus.

Patient	Problem	How long for
Herr Grau		

Herr Braun kann nicht Rad fahren. Sein Rücken tut seit vier Tagen weh.

Herr Grau hat seit zwei Tagen Ohrenschmerzen und Fieber.

Herr Rot hat seit gestern Kopfschmerzen und kann nicht schlafen.

Herr Schwarz hat seit einer Woche Schnupfen und Halsschmerzen.

Herr Weiß hat seit drei Tagen Bauchschmerzen und kann nichts essen.

lesen 2

Was passt zusammen?
Beispiel: 1 Herr Schwarz

1 Er muss zweimal am Tag diese Halsbonbons nehmen.
2 Er muss dreimal am Tag diese Kopfschmerztabletten nehmen.
3 Er muss für zwei Tage im Bett bleiben.
4 Er muss Wasser und Tee trinken.
5 Er muss jeden Morgen dieses Ohrenmedikament nehmen.

lesen 3

Lies das Interview und finde die Informationen.
Beispiel: 1 Football

a Ralf, was isst du zum Frühstück?

Zum Frühstück esse ich oft Obst – eine Banane mit Joghurt oder eine Orange. Das finde ich lecker und es ist auch gesund. Ich habe immer Hunger, also esse ich auch Brot mit Wurst oder Schinken. Heute habe ich auch Käse gegessen.

b Und was trinkst du?

Ich trinke nie Kaffee – das finde ich sehr ungesund. Ich trinke oft Saft oder Milch. Heute habe ich Orangensaft getrunken.

c Wie oft machst du Fitnesstraining?

Jeden Tag. Ich strecke mich und ich übe mit dem Ball. Ich laufe auch sechs oder sieben Kilometer. Gestern bin ich nur vier Kilometer gelaufen – ich war sehr müde.

d Was ist dein Lieblingssport?

Fußball natürlich. Ich spiele jeden Tag – im Sommer und im Winter. Letztes Jahr habe ich auch manchmal Basketball gespielt, aber das finde ich langweilig.

Find:
1 Ralf's favourite sport.
2 What he thinks of fruit.
3 His usual breakfast drinks.
4 Three things he eats with bread.
5 The number of kilometres he usually runs.
6 Why he managed fewer yesterday.
7 How often he plays football.
8 A sport he tried last year, and what he thought of it.

schreiben 4

Bist du fit und gesund? Beantworte die vier Interviewfragen (a–d) und schreib einen Absatz.

Zum Frühstück esse ich oft ... Das finde ich ... Heute habe ich auch ... gegessen. Ich trinke ...

lesen 1

Was haben sie auf der Party getragen? *What did they wear to the party?*
Beispiel: **1** d, f

a Ich habe ein rotes Kleid ...

b Ich habe eine gestreifte Hose ...

c Ich habe einen roten Rock ...

d Ich habe eine gelbe Hose ...

e ... und ein kariertes T-Shirt getragen.

f ... und ein gestreiftes T-Shirt getragen.

g ... und einen schwarzen Pullover getragen.

h ... und eine gepunktete Jacke getragen.

lesen 2

Füll die Lücken aus und finde die richtigen Bilder.
Fill the gaps and find the correct pictures.
Beispiel: **1** Schule – g

1 Zum Schluss gehe ich um acht Uhr in die __ .
2 Zuerst wache ich um sieben Uhr __ .
3 Danach frühstücke ich um halb __ .
4 Dann stehe ich um Viertel nach sieben __.

acht   Schule
auf   auf

5 Nachmittags mache ich zuerst meine ___.
6 Danach sehe ich um halb sieben __.
7 Zum Schluss gehe ich um neun Uhr ins ___.
8 Dann esse ich um sechs Uhr zu ___.

fern   Abend
Bett
Hausaufgaben

schreiben 3

Schreib die Sätze als Text auf.
Write the sentences in the correct order to make a paragraph.
Zuerst wache ich um sieben Uhr ...

1 Lies den Text und ordne die Bilder.
Beispiel: b, …

Letzten Samstag bin ich zu Anjas Party gegangen. Sie hatte Geburtstag – sie ist jetzt dreizehn. Es war fantastisch. Ich habe eine neue schwarze Hose und ein rotes T-Shirt getragen.

Die Musik war gut, aber manchmal zu laut. Wir haben getanzt, gegessen und getrunken. Ich habe Pizza und Chips gegessen – das war lecker. Ich habe Fanta getrunken (weil ich nicht gern Cola trinke).

Philip, Markus und Sonja waren da. Sonja ist immer sehr modisch angezogen – sie hat einen gepunkteten Minirock getragen. Philip ist schüchtern, aber sehr nett. Markus ist sehr cool. Er hat Skateboard-Tricks gemacht – das war lustig!

Ich bin um halb elf mit meinem Vater nach Hause gefahren. Um halb zwölf bin ich ins Bett gegangen – ich war sehr müde.

Sabrina

Am nächsten Samstag hat Markus Geburtstag. Zuerst essen wir mit der Clique bei McDonalds und dann gehen wir ins Kino. Wir sehen den neuen Spider-Man-Film – toll!

 2 Wer oder was ist das?
*Beispiel: **1** Sabrina*

1 tired	3 delicious	5 funny	7 good
2 shy	4 great	6 fashionable	8 cool

 3 Schreib Sätze auf.
*Beispiel: **1** Sabrina hat Pizza und Chips gegessen.*

1 Pizza und Chips	3 schwarze Hose	5 Skateboard-Tricks
2 halb zwölf	4 halb elf	6 nächsten Samstag

 4 Schreib etwas über eine Party. *Write a description of a party you have been to.*

When was it? What did you wear?

What did you do/eat/drink?

Who else was there?

When did you go home?

What are you doing next weekend?

lesen 1

Andrew besucht Stefan in Hamburg. Was passt zusammen?
Beispiel: **1** d

1 Herzlich willkommen in Hamburg!
2 Das ist mein Vater und das ist mein Hund, Rollo.
3 Wie war die Reise?
4 Hier ist dein Zimmer.
5 Hast du Hunger?

a Guten Tag, Herr Meyer und Rollo!
b Ach, das ist sehr schön.
c Ja. Hast du ein Brötchen?
d Hallo, Stefan.
e Sehr gut, danke, aber ziemlich lang.

Stefan

schreiben 2

Schreib Antworten. *Write replies.*
Beispiel: **1** Ich kann dir einen Wecker leihen.

1 Ich habe meinen Wecker vergessen!
2 Ich habe meine Haarbürste vergessen!
3 Ich habe mein Handtuch vergessen!
4 Ich habe meinen Badeanzug vergessen!
5 Ich habe meine Sonnenbrille vergessen!

Andrew

lesen 3

Lies die Postkarte. Schreib die Tabelle ab und füll sie aus.

Day?	Activity?	Opinion?
Monday	Boat trip	great

Newcastle, den 30. Juni

Hallo Mutti!
Newcastle ist super! Am Montag machen wir eine Bootsfahrt – das finde ich toll.
Am Dienstag fahren wir Skateboard – das ist immer lustig!
Am Mittwoch gehen wir einkaufen. Das ist O.K.
Am Donnerstag sehen wir ein Fußballspiel – das ist sehr interessant.
Am Freitag fahre ich mit dem Bus nach Hause. Das ist ziemlich langweilig.

Deine Johanna

schreiben 4

Schreib Pläne für eine Woche in Deutschland.
Write plans for a week in Germany.
Beispiel: Am Montag gehen wir ins Kino. Das finde ich toll!
Am Dienstag ...

Mo.   **Di.**   **Mi.**   **Do.**    **Fr.**

lesen 1

Lies Danielas E-Mail. Welcher Absatz ist das?

1 was sie gemacht haben
2 die englische Austauschgruppe
3 ihre Pläne für das Wochenende

4 nachmittags und abends
5 Danielas Austauschpartnerin

Hallo Tobias!

a Wie geht's? Mir geht es sehr gut, weil ich Besuch aus England habe! Mein Fußballklub hier in Zürich macht einen Austausch mit einer Gruppe aus Leeds, im Norden von England. Das macht wirklich Spaß! Die englische Gruppe ist am Montag mit dem Flugzeug nach Zürich geflogen und die Engländer bleiben sieben Tage lang hier.

b Meine Partnerin heißt Mary. Sie ist sehr nett und sie spricht auch gut Deutsch. Sie geht mit mir in die Schule.

c Jeden Tag spielen wir nachmittags Fußball. Ich bin in der zweiten Mannschaft und wir haben schon dreimal gewonnen! Dann essen wir immer zu Abend, und nachher gehen wir in die Stadt.

d Am Dienstag haben wir im Jugendklub einen alten James-Bond-Film auf DVD gesehen und am Mittwoch sind wir schwimmen gegangen. Gestern Abend haben wir einen Karaoke-Abend gemacht – das war ja lustig! Ich kann aber nicht gut singen.

e Morgen, am Samstag, hat Sonja Geburtstag und wir gehen zu ihrer Party. Am Sonntag besuchen wir meine Großeltern in Basel. Dann fliegen die Engländer am Abend nach Hause. Wie schade!

Viele Grüße!

Deine Daniela

---

lesen 2

Lies die E-Mail noch mal und sieh die Bilder an. Schreib die Tabelle ab und füll sie aus.

Hat gemacht	Macht jeden Tag	Macht nächstes Wochenende
a		

 schreiben 3

Du machst einen Austausch mit einer Schule in Österreich. Schreib die Sätze zu Ende.

Wir sind am Sonntag mit dem …
Am Montag haben wir …
Gestern sind wir …

Jeden Tag …
Morgen …
Am Samstag fliegen wir …

Grammatik

Glossary of grammatical terms

adjective	a describing word (**grün, doof, interessant**); the possessive adjectives are the words for *my, your, his, her.* (**mein/meine/mein; dein/deine/dein; sein/seine/sein; ihr/ihre/ihr**)
adverb	a word used to describe an action (**immer, oft, nie**)
article	the words for *the* and *a* (**der/die/das; ein/eine/ein**)
connective	a word used to join together two phrases or sentences (**und, aber**)
gender	whether a noun is masculine, feminine or neuter (masculine: **der Fußball**; feminine: **die Drogerie**; neuter: **das Hemd**)
imperative	the command form of the verb (**geh! nimm! nehmen Sie!**)
infinitive	the dictionary form of the verb (**haben, wohnen, sein**)
irregular verb	a verb which does not follow the usual rules (**essen, lesen, sein**)
noun	a word which names a thing or person (**Kopf, Vater**)
plural	referring to more than one of something (**die Zähne, vier Zimmer**)
preposition	a word used to describe where someone or something is (**auf, in, unter**)
pronoun	a word which stands in place of a noun (**er, sie, es**)
qualifier	a word which makes an adjective stronger or weaker (**sehr, ziemlich, nicht sehr**)
regular verb	a verb which follows the usual rules (**wohnen, spielen**)
singular	referring to only one of something (**der Hund, ein Brötchen**)
verb	a word used to say what is being done or what is happening (**gehen, lesen**)

1 Nouns

1.1 Gender

Nouns in German have one of three genders: masculine, feminine or neuter. The gender is shown by **der**, **die** or **das** before the word.

masculine **der** Apfel (*the apple*)
feminine **die** Birne (*the pear*)
neuter **das** Eis (*the ice-cream*)

1.2 Plural (more than one)

In German, there are several different plural endings. These are the most common ones:

Ending	Example	
-e	**Tage**	*days*
-n	**Banane̱n**	*bananas*
-en	**Sendungen**	*programmes*
(no ending)	**Finger**	*fingers*
¨	**Äpfel**	*apples*
¨e	**Würste̱**	*sausages*
¨er	**Büche̱r**	*books*
-s	**CDs̱**	*CDs*

1 Look up these nouns in the **Wortschatz** and write out the plural form of each.

Beispiel: **1** *Buch – die Bücher*

1 Buch
2 Jugendherberge
3 Torte
4 Wurst
5 Saft
6 Freund
7 Suppe
8 Zeitschrift
9 Tag
10 Speisekarte

2 Articles

Articles are the words for *the*, *a* and *not a/no*.

The definite article (*the*)

In German the definite article is **der**, **die** or **das**: **der** Apfel (*the apple*), **die** Banane (*the banana*), **das** Buch (*the book*), **die** Äpfel (*the apples*).

The indefinite article (*a/an*)

In German the indefinite article is **ein** or **eine**: **ein** Apfel (*an apple*), **eine** Banane (*a banana*), **ein** Buch (*a book*).

The negative article (*not a/no*)

The negative article in German is **kein** or **keine**: **kein** Apfel (*no apple*), **keine** Banane (*no banana*), **kein** Buch (*no book*), **keine** Äpfel (*no apples*).

2.1 The nominative case (subject)

The nominative case is used for the subject of the sentence – the person or thing which 'does' the verb. In this sentence the mouse does the drinking:

<u>Die Maus</u> trinkt den Tee. *<u>The mouse</u> drinks the tea.*

The nominative is also used with phrases like **hier ist** (*here is*) and **das ist** (*that is*).

Articles in the nominative case:

	the	a	not a/no
masculine	der	ein	kein
feminine	die	eine	keine
neuter	das	ein	kein
plural	die	–	keine

2.2 The accusative case (object)

The accusative case is used for the object of the sentence. The object is the person or thing to which the verb is 'done'. In this sentence the tea is being drunk so it is the object:

Die Maus trinkt <u>den Tee</u>. *The mouse drinks <u>the tea</u>.*

Articles in the accusative case are like the nominative articles, apart from the masculine forms.

	the	a	not a/no
masculine	d<u>en</u>	ein<u>en</u>	kein<u>en</u>
feminine	die	eine	keine
neuter	das	ein	kein
plural	die	–	keine

2 Order these items in a restaurant using **ich möchte** + accusative. Use **den/die/das** for the food and **einen/eine/ein** for the drinks.

Beispiele: **1** *Ich möchte den Fisch.*
　　　　　　2 *Ich möchte einen Saft.*

1 Fisch (*m*)
2 Saft (*m*)
3 Hähnchen (*n*)
4 Milch (*f*)
5 Eis (*n*)
6 Kuchen (*m*)
7 Mineralwasser (*n*)
8 Pommes (*pl*)
9 Kaffee (*m*)
10 Pizza (*f*)

3 Explain to a German tourist that these items are off the menu. Use **es gibt keinen/keine/kein ....**

Beispiel: **1** *Es gibt keine Pizza.*

1 Pizza (*f*)
2 Eis (*n*)
3 Salat (*m*)
4 Chips (*pl*)
5 Limonade(*f*)
6 Brot (*n*)
7 Schinken (*m*)
8 Tomatensuppe (*f*)
9 Hähnchen (*n*)
10 Fisch (*m*)

2.3 The dative case

Prepositions are little words used to talk about where things are or where you are going. After certain prepositions like **in** (*in*) and **zu** (*to*), the dative case is used. The articles **der, die, das** change as shown:

	nominative	dative
masc	der	dem
fem	die	der
neut	das	dem
pl	die	den

Here are the short forms of the prepositions with the dative, which you should recognise:

in dem = im
zu dem = zum
zu der = zur

4 Write a sentence for each place using **ich gehe zu.**

Beispiel: **1** *Ich gehe zu der Bäckerei. = Ich gehe zur Bäckerei.*

1 die Bäckerei
2 der Computerladen
3 die Drogerie
4 das Restaurant
5 das Schwimmbad
6 die Konditorei
7 der Musikladen
8 die Metzgerei
9 das Hotel
10 die Buchhandlung

5 Now write out the sentences from exercise 4 again using **ich bin in ... .**

Beispiel: **1** *Ich bin in der Bäckerei.*

3 Adjectives

3.1 Adjective endings

Adjectives are words that describe nouns, e.g. **grün** (*green*), **klein** (*small*). In German, an adjective takes an ending when it is used in front of a noun:

das grüne T-Shirt   *the green T-shirt*

If the adjective is used after the noun, no ending is needed:

Das T-Shirt ist grün.   *The T-shirt is green.*

3.2 Adjective endings after *the*

When the definite article (*the*) is used, the adjective takes these endings:

	nominative	accusative
masc	der rote Rock	den roten Rock
fem	die rote Hose	die rote Hose
neut	das rote T-Shirt	das rote T-Shirt
pl	die roten Schuhe	die roten Schuhe

6 Write out the sentences with a suitable adjective. The adjectives are all in the nominative form.

1 Die ... Hose ist perfekt für mich!
2 Der ... Rock war zu groß.
3 Das ... Hemd ist für meinen Bruder.
4 Die ... Schuhe sind nicht sehr schön.
5 Die ... Krawatte ist meine Lieblingskrawatte!

7 Write out each sentence with the accusative form of the adjective in brackets.

1 Kaufst du den (blau) Rock?
2 Wie findest du das (gelb) Hemd?
3 Ich kaufe die (weiß) Sportschuhe.
4 Ich möchte die (glitzernd) Hose kaufen.
5 Er hat die (gestreift) Stiefel getragen.

3.3 Adjective endings after the indefinite article (ein/eine)

When the indefinite article is used, a slightly different set of endings is used:

	nominative	accusative
masc	ein rot<u>er</u> Rock	einen rot<u>en</u> Rock
fem	eine rot<u>e</u> Hose	eine rot<u>e</u> Hose
neut	ein rot<u>es</u> T-Shirt	ein rot<u>es</u> T-Shirt
pl	rot<u>e</u> Schuhe	rot<u>e</u> Schuhe

8 Choose the correct form of the adjective and write out each sentence. All the adjectives are in the accusative.

1 Er trägt ein **weißen/weißes/weiße** Hemd (*n*).
2 Sie trägt einen **glitzernden/glitzernder/ glitzerndes** Rock (*m*).
3 Herr Smith hat eine **gepunkteter/ gepunktete/gepunktetes** Krawatte (*f*) getragen.
4 Ich habe eine **blauer/blaue/blauen** Jeansjacke (*f*) getragen.
5 Thorsten trägt immer ein **altes/alte/alter** T-Shirt (*n*).

3.4 Possessive adjectives

The possessive adjectives are the words for *my, your, his, her*, etc. The possessive adjectives used in this book are: **mein** (*my*), **dein** (*your*), **sein** (*his, its*), **ihr** (*her, its*).

When they are used with nouns they take the same endings as **ein** and **kein**:

Possessive adjectives with nominative nouns

masc	mein / dein / sein / ihr Kopf
fem	mein<u>e</u> / dein<u>e</u> /sein<u>e</u> / ihr<u>e</u> Hand
neut	mein / dein / sein / ihr Bein
pl	mein<u>e</u> / dein<u>e</u> / sein<u>e</u> / ihr<u>e</u> Finger

9 Fill the gaps with the correct possessive adjectives.

*Beispiel: **1** Dein Kopf ist groß.*
1 (*your*) … Kopf ist groß.
2 (*his*) … Ohren sind klein.
3 (*her*) … Nase ist groß.
4 (*my*) … Augen sind blau.
5 (*your*) … Hand ist klein.
6 (*his*) … Bauch ist groß.

3.5 Possessive adjectives with accusative nouns

masc	mein<u>en</u> / dein<u>en</u> / sein<u>en</u> / ihr<u>en</u> Kopf
fem	mein<u>e</u> /dein<u>e</u> / sein<u>e</u> / ihr<u>e</u> Hand
neut	mein /dein / sein / ihr Bein
pl	mein<u>e</u> /dein<u>e</u> /sein<u>e</u> / ihr<u>e</u> Finger

10 Fill the gaps with the correct possessive adjectives.

*Beispiel: **1** Ich habe deinen Kuchen gegessen!*
1 Ich habe (*dein*) … Kuchen (*m*) gegessen!
2 Möchtest du (*mein*) … CDs (*pl*) hören?
3 Hast du (*ihr*) … Hund (*m*) gesehen?
4 Er hat (*sein*) … Schultasche (*f*) vergessen.
5 Kannst (*mein*) … Hemd (*n*) waschen?
6 Sie hat (*dein*) … Rock (*m*) getragen.

4 Pronouns

The pronouns used in this book are:

ich	I
du	you (familiar, singular)
er	he, it
sie	she, it
es	it
man	one
wir	we
Sie	you (formal, polite)
ihr	you (familiar, plural)
sie	they

4.1 The pronoun *it*

In German, there are three ways of saying *it*, depending on the gender of the noun.

Er is for masculine nouns:

Der Film ist gut.   → **Er** ist gut.
The film is good.   → *It is good.*

Sie is for feminine nouns:

Die CD ist toll.   → **Sie** ist toll.
The CD is great.   → *It is great.*

Es is for neuter nouns:

Das Buch ist langweilig. → **Es** ist langweilig.

The book is boring.   → *It is boring.*

4.2 Words for *you* (du / ihr / Sie)

Use **du** for a friend or relative.
Use **ihr** for two or more friends or relatives.
Use **Sie** for one or more adults whom you do not know well.

Du, ihr and **Sie** need different forms of the verb:

wohnen – *to live*
du   wohn**st**
ihr   wohn**t**
Sie   wohn**en**

11 Sonja is asking Max some questions. Change the questions as appropriate for:
a Frau Forsch; **b** Sina und Mario.

Beispiel: **1a** *Wohnen Sie in Berlin?* **1b** *Wohnt ihr in Berlin?*

1 Wohnst du in Berlin?
2 Kaufst du viele CDs?
3 Hörst du gern Musik?
4 Was machst du am Wochenende?
5 Was trinkst du gern?
6 Spielst du oft Computerspiele?

5 Verbs

5.1 The infinitive

When you look for a verb in a dictionary, you will find it in the infinitive form. Most infinitives end in -en: **wohnen** (*to live*); **finden** (*to find*).

5.2 Present tense: regular verbs

Regular verbs all follow the same pattern:

spielen		*to play*
ich	spiel**e**	*I play*
du	spiel**st**	*you play*
er/sie/es	spiel**t**	*he/she/it plays*
wir	spiel**en**	*we play*
Sie	spiel**en**	*you play (polite)*
ihr	spiel**t**	*you play (informal)*
sie	spiel**en**	*they play*

12 **Sparen** (*to save*) and **lernen** (*to learn*) are regular verbs. How do you say:

1 you (**du**) learn
2 I save
3 he learns
4 she saves
5 we learn
6 I learn
7 we save
8 he saves
9 she learns
10 you (**du**) save

5.3 Present tense: irregular verbs

Some verbs are 'irregular' verbs. They don't follow the regular pattern.

essen – *to eat*
ich esse
du isst
er/sie/es isst
wir essen
Sie essen
ihr esst
sie essen

fahren – *to drive/go*
ich fahre
du fährst
er/sie/es fährt
wir fahren
Sie fahren
ihr fahrt
sie fahren

lesen – *to read*
ich lese
du liest
er/sie/es liest
wir lesen
Sie lesen
ihr lest
sie lesen

schlafen – *to sleep*
ich schlafe
du schläfst
er/sie/es schläft
wir schlafen
Sie schlafen
ihr schlaft
sie schlafen

sehen – *to see/watch*
ich sehe
du siehst
er/sie/es sieht
wir sehen
Sie sehen
ihr seht
sie sehen

tragen – *to wear*
ich trage
du trägst
er/sie/es trägt
wir tragen
Sie tragen
ihr tragt
sie tragen

13 Write the correct form of the verb.

Beispiel: **1** *ich esse*

1 ich (essen)
2 du (sehen)
3 er (schlafen)
4 er (fahren)
5 Lena (lesen)
6 wir (lesen)
7 ihr (schlafen)
8 Sie (sehen)
9 du (tragen)
10 wir (fahren)

5.4 Present tense: sein and haben

Sein (*to be*) and **haben** (*to have*) are very irregular.

sein	to be
ich **bin**	*I am*
du **bist**	*you are*
er/sie/es **ist**	*he/she/it is*
wir **sind**	*we are*
Sie **sind**	*you are*
ihr **seid**	*you are*
sie **sind**	*they are*

haben	to have
ich **habe**	*I have*
du **hast**	*you have*
er/sie/es **hat**	*he/she/it has*
wir **haben**	*we have*
Sie **haben**	*you have*
ihr **habt**	*you have*
sie **haben**	*they have*

Grammatik

5.5 Modal verbs

Können (*can, to be able to*) and **müssen** (*must, to have to*) are called modal verbs. They are used with the infinitive of another verb. The infinitive comes at the end of the sentence:

Ich kann Klavier <u>spielen</u>.
I can <u>play</u> the piano.
Ich muss zur Schule <u>gehen</u>.
I have <u>to go</u> to school.

> **können** – *to be able to*
> ich **kann**
> du **kannst**
> er/sie/es **kann**
> wir **können**
> Sie **können**
> ihr **könnt**
> sie **können**

> **müssen** – *to have to*
> ich **muss**
> du **musst**
> er/sie/es **muss**
> wir **müssen**
> Sie **müssen**
> ihr **müsst**
> sie **müssen**

14 Complete these sentences with the correct form of **müssen**, then translate them into English.
1 Er ... zur Schule gehen.
2 Wir ... zu Hause bleiben.
3 Du ... jeden Tag trainieren.
4 Ich ... Deutsch lernen.
5 Sie (*she*) ... viel Wasser trinken.

15 Complete these sentences with the correct form of **können**, then translate them into English.

1 Ich ... nicht singen.
2 Er ... gut zeichnen.
3 Wir ... nicht gut Spanisch sprechen.
4 Du ... nicht zur Schule gehen.
5 Sie (*she*) ... Fußball spielen.

> **Mögen** (*to like*) is another modal verb, but it is mostly just used with a noun, e.g.:
> **Ich mag Pizza.** (*I like pizza.*)
>
> **Möchte** is a special form of **mögen**. It means *would like (to)* and is usually used with an infinitive: **Ich möchte ins Kino <u>gehen</u>.** (*I would like <u>to go</u> to the cinema.*)

> **mögen** – *to like*
> ich **mag**
> du **magst**
> er/sie/es **mag**
> wir **mögen**
> Sie **mögen**
> ihr **mögt**
> sie **mögen**

> **möchte(n)** – *would like to*
> ich **möchte**
> du **möchtest**
> er/sie/es **möchte**
> wir **möchten**
> Sie **möchten**
> ihr **möchtet**
> sie **möchten**

5.6 Separable verbs

These verbs have two parts: a verb, and a short word stuck to the front of the verb (a prefix). The separable verbs in *Echo 2* are <u>auf</u>wachen (*to wake up*), <u>auf</u>stehen (*to get up*) and <u>fern</u>sehen (*to watch TV*). When they are used in a sentence, the prefix jumps to the end:

<u>auf</u>wachen → Ich wache um sieben Uhr <u>auf</u>.
to wake up *I wake up at seven o'clock.*

16 Write nine sentences using the information in the table.

Beispiel: **1a** *Ich wache um 7 Uhr auf.*

	a ich	b du	c Nils
1 aufwachen	7 Uhr	8 Uhr	6 Uhr
2 aufstehen	7:05 Uhr	8:10 Uhr	6:05 Uhr
3 fernsehen	18:00 Uhr	17:30 Uhr	14:00 Uhr

5.7 seit + present tense

Seit (*for* or *since*) is used with the present tense in German to say how long something has been going on: **Ich habe seit zwei Tagen Kopfschmerzen.** (*I have had a headache for two days.*); **Ich habe seit gestern Schnupfen.** (*I have had a cold since yesterday.*).

17 Answer these questions with full sentences.

1 Seit wann hast du Ohrenschmerzen? (2 Tagen)
2 Seit wann lernt sie Deutsch? (3 Jahren)
3 Seit wann hat Lena Schnupfen? (gestern)
4 Seit wann tut Christians Bein weh? (vorgestern)
5 Seit wann lernst du Deutsch? (*own answer*)

5.8 Perfect tense

You use the perfect tense to talk about things which happened in the past:

Ich habe Fußball gespielt. *I played football.*

The perfect tense is made up of two parts:

haben	+	past participle
ich habe		gewohnt
du hast		gespielt
... etc		gekauft
		... etc
or **sein**		
ich bin		gegangen
du bist		gefahren
... etc		... etc

Regular participles begin with **ge-** and end in **-t**.
Take the **-en** off the infinitive: **spielen**
Add **ge-** and **-t** to what is left:
ge + **spiel** + **t** → **gespielt**

Here is the verb **spielen** (*to play*) in the perfect tense:

spielen	to play
ich habe gespielt	*I played*
du hast gespielt	*you played*
er/sie/es hat gespielt	*he/she/it played*
wir haben gespielt	*we played*
Sie haben gespielt	*you played (polite)*
ihr habt gespielt	*you played (familiar, plural)*
sie haben gespielt	*they played*

18 Copy these sentences and fill in the past participles.

1 Ich habe sechs Postkarten ... . (kaufen)
2 Wo hast du in den Ferien ... ? (wohnen)
3 Ich habe viel Fußball ... . (spielen)
4 Was hast du gestern ... ? (machen)
5 Ich habe viele Souvenirs ... . (kaufen)

19 Copy and fill in both parts of the verb in these perfect tense sentences.

1 Ich ... auf einem Campingplatz in Italien ... . (wohnen)
2 ... du Tennis mit deinen Freunden ... ? (spielen)
3 Ich ... nichts ... . (machen)
4 Erich ... jeden Tag Gitarre ... . (spielen)
5 ... du in einer Jugendherberge ... ? (wohnen)

5.9 Perfect tense: irregular verbs

The past participles of some verbs do not follow the regular pattern:

essen:	ich habe <u>gegessen</u>	*I ate*
sehen:	ich habe <u>gesehen</u>	*I saw*
trinken:	ich habe <u>getrunken</u>	*I drank*

20 Copy and complete these sentences. You can check the participles in the list in 5.11.

1 Ich habe Pizza (essen).
2 Hast du meine Brille (sehen)?
3 Ich habe meine Oma (besuchen).
4 Er hat drei Stunden (schlafen).
5 Sie hat vier Bücher (lesen).

5.10 Perfect tense: verbs + sein

Some verbs form the perfect tense with **sein**. Most of them describe movement, e.g.:

fahren – *to go*
ich **bin** gefahren
du **bist** gefahren
er/sie/es **ist** gefahren
wir **sind** gefahren
Sie **sind** gefahren
ihr **seid** gefahren
sie **sind** gefahren

Other verbs which also take **sein** are:

kommen	*to come*	ich bin gekommen
gehen	*to go*	ich bin gegangen
schwimmen	*to swim*	ich bin geschwommen

21 Copy the sentences and fill in the gaps with perfect tense verbs (**sein** only).

1 Ich bin in die Stadt ... . (fahren)
2 Wann ... du gestern zur Schule ... ? (gehen)
3 Helen ... letzte Woche drei Kilometer ...! (schwimmen)
4 Wir ... heute ins Kino ... . (gehen)
5 Er ... gestern um drei Uhr nach Hause ... . (kommen)

22 Do these perfect tense sentences take **haben** or **sein**? Copy them and fill the gaps.

6 Ich ... Eis gegessen und einen Kaffee getrunken.
7 Wir ... gestern zum Sportzentrum gefahren, und wir ... dort Tennis gespielt.
8 Sophie ... diese Woche £ 30 Taschengeld gespart.
9 ... du „Spider-Man 2" gesehen?
10 Ich ... mit meinem Freund einkaufen gegangen, und ich ... Sportschuhe gekauft.

5.11 Verb list: past participles

Regular + haben

infinitive	English	past participle
faulenzen	*to laze about*	gefaulenzt
hören	*to hear, listen to*	gehört
kaufen	*to buy*	gekauft
kosten	*to cost*	gekostet
lachen	*to laugh*	gelacht
machen	*to make, do*	gemacht
regnen	*to rain*	geregnet
schmecken	*to taste*	geschmeckt
sparen	*to save*	gespart
spielen	*to play*	gespielt
tanzen	*to dance*	getanzt
üben	*to practise*	geübt
wohnen	*to live*	gewohnt

Irregular + haben

bekommen	*to get*	bekommen
besuchen	*to visit*	besucht
essen	*to eat*	gegessen
fernsehen	*to watch TV*	ferngesehen
finden	*to find*	gefunden
gewinnen	*to win*	gewonnen
lesen	*to read*	gelesen
schlafen	*to sleep*	geschlafen
sehen	*to see, watch*	gesehen
tragen	*to wear*	getragen
treffen	*to meet*	getroffen
vergessen	*to forget*	vergessen

Irregular + sein		
fahren	*to drive, travel*	gefahren
fallen	*to fall*	gefallen
gehen	*to go (on foot)*	gegangen
kommen	*to come*	gekommen
schwimmen	*to swim*	geschwommen

5.12 The imperfect tense: hatte

To say *had*, you use the imperfect tense of **haben**:

ich **hatte**	*I had*
du **hattest**	*you had (familiar, singular)*
er/sie/es **hatte**	*he/she/it had*
wir **hatten**	*we had*
Sie **hatten**	*you had (polite)*
ihr **hattet**	*you had (familiar, plural)*
sie **hatten**	*they had*

5.13 The imperfect tense: war

To say *was/were*, you use the imperfect tense of **sein**:

ich **war**	*I was*
du **warst**	*you were (familiar, singular)*
er/sie/es **war**	*he/she/it was*
wir **waren**	*we were*
Sie **waren**	*you were (polite)*
ihr **wart**	*you were (familiar, plural)*
sie **waren**	*they were*

23 Complete these sentences with a form of **sein** (**war, warst**, etc).

1 Ich ... gestern müde.
2 Die Party ... toll.
3 Wo ... du am Wochenende?
4 Mein Freund Toby ... gestern zu Hause.
5 Ihr ... gestern in der Stadt.

24 Complete these sentences with a form of **haben** (**hatte, hattest**, etc).

1 Ich ... kein Geld.
2 Wir ... Hunger.
3 Letztes Jahr ... wir Probleme in der Schule.

4 Sophie ... am Wochenende Fußballtraining.
5 ... du letzte Woche Schnupfen?

5.14 Imperatives

The imperative is used to give commands or instructions. You make it from the **du** form of the verb (watch out for the vowels changing in the middle of the verb):

trinken:	du trink~~st~~	→	trink!
essen:	du iss~~t~~	→	iss!
lesen:	du lies~~t~~	→	lies!

25 Apply the rule to make the imperative of these verbs.

Beispiel: **1** *geh!*

1 gehen
2 lachen
3 sehen (*like* lesen)
4 schwimmen
5 fahren (*no umlaut*)
6 tanzen
7 faulenzen
8 vergessen (*like essen*)

6 Time and frequency

6.1 Time expressions

Time expressions show whether a sentence is about the past, present or future.

Past

letzte Woche	*last week*
gestern	*yesterday*
vorgestern	*the day before yesterday*

Present

im Moment	*at the moment*
jetzt	*now*

Future

nächste Woche	*next week*
morgen	*tomorrow*
übermorgen	*the day after tomorrow*

26 Choose the best expression to complete each sentence, then translate it into English.

Beispiel: **1** *Ich fahre morgen in die Stadt. I'm going to town tomorrow.*

1 Ich fahre **morgen / gestern** in die Stadt.
2 Ich bin **vorgestern / übermorgen** schwimmen gegangen.
3 Was machst du **im Moment / letzte Woche?**
4 Wo warst du **nächste / letzte** Woche?
5 Ich habe **im Moment / gestern** Tennis gespielt.
6 Bist du **nächstes / letztes** Wochenende Kajak gefahren?
7 Ich mache **morgen / gestern** einen Spaziergang.
8 Gehen wir **übermorgen / letzte Woche** reiten?
9 Wir haben **nächsten Montag / vorgestern** eine Mountainbiketour gemacht.
10 Ich faulenze **gestern / jetzt** in der Sonne.

6.2 Adverbs of frequency

Adverbs of frequency are used to say how often you do something. These adverbs are included in *Echo 2:*

immer (*always*), **oft** (*often*), **manchmal** (*sometimes*), **ab und zu** (*from time to time*), **selten** (*rarely*), **nie** (*never*).

Adverbs of frequency are usually placed just after the verb in German, e.g.:

Ich gehe selten ins Kino. *I rarely go to the cinema.*

If the adverb comes at the start of the sentence then you have to remember to put the verb second, e.g.:

Manchmal sehe ich nach der Schule fern.

27 Write these jumbled sentences out with the words in the right order.

11 nie mache meine Hausaufgaben ich
12 er nach London selten fährt
13 gehen ins Sportzentrum Jana und Katja ab und zu
14 essen wir zu viel Schokolade immer
15 oft Robert und Jonas Horrorfilme sehen

7 Word order

7.1 Verb second

In German, sentences are flexible. You can swap ideas around:

1	2 (Verb!)	3
Ich	**finde**	**Pommes lecker!**
or: **Pommes**	**finde**	**ich lecker!**

The important thing is, the verb must be the second 'idea' in the sentence.

28 Write these sentences starting with the part that is underlined. Remember, the verb (in red) stays the second idea.

Beispiel: **1** <u>Minigolf</u> spielen wir um halb neun.

1 Um halb neun spielen wir <u>Minigolf</u>.
2 Am Nachmittag machen <u>wir</u> einen Tauchkurs.
3 Lena geht <u>um halb acht</u> ins Kino.
4 Um halb zehn sieht <u>sie</u> eine Band.
5 Sie spielt <u>im Winter</u> am Computer.
6 Er fährt <u>im Winter</u> Snowboard.
7 Minigolf spiele ich <u>am Wochenende</u>.
8 Im Herbst ist <u>es</u> kalt und windig.
9 Im Frühling regnet es <u>jeden Tag</u>.
10 Wir gehen <u>jeden Tag</u> schwimmen.

7.2 Sequencers

Sequencers say in what order something happens or happened:

zuerst (*firstly*), **dann** (*then*), **danach** (*after that*), **zum Schluss** (*finally*).

Sequencers usually come at the start of the sentence; don't forget to put the verb second:

1	2 (Verb)	3
Zum Schluss	<u>essen</u>	wir die Pizza.

29 Put the baking instructions into a logical order. Write them out with a sequencer at the beginning of each sentence.

Beispiel: Zuerst lesen wir das Rezept …

1 … mischen wir Mehl, Butter, Zucker und Eier.
2 … schneiden wir den Kuchen.
3 … backen wir den Kuchen im Ofen.
4 … essen wir den Kuchen.
5 … kaufen wir Mehl, Butter, Zucker und Eier.
6 … lesen wir das Rezept.

7.3 Time – Manner – Place

If a sentence contains information about *when*, *how* and *where*, it goes in this order:

Wir fahren am Sonntagnachmittag mit dem Rad zum Park.

time (when?) – am Sonntagnachmittag
manner (how?) – mit dem Rad
place (where?) – zum Park

30 Write out the sentences with the time – manner – place expressions in the correct order.

1 Ich bin **mit dem Rad / am Dienstag / zur Schule** gefahren.
2 Er fährt **jeden Tag / zum Skatepark / mit dem Skateboard**.

3 Sina geht **ins Schwimmbad / mit Lisa / oft**.
4 Wir fahren **mit der S-Bahn / am Montag / zum Stadion**.
5 Wir haben **mit Nils / im Café / um ein Uhr** Limo getrunken.

7.4 weil + verb to the end

After **weil** (*because*), the verb goes to the end of the sentence. There is always a comma before **weil**:

Ich kann nicht ins Kino gehen, weil ich Fußball <u>spiele</u>.
I can't go to the cinema, because I'm playing football.

31 Join the sentence pairs using **weil**. The verb which goes to the end is underlined.

*Beispiel: **1** Ich komme nicht zur Party, weil ich meine Hausaufgaben mache.*

1 Ich komme nicht zur Party. Ich <u>mache</u> meine Hausaufgaben.
2 Ich habe Kopfschmerzen. Ich <u>lese</u> viel.
3 Ich lerne Deutsch. Es <u>ist</u> sehr interessant.
4 Sie spielt Tennis. Es <u>macht</u> Spaß.
5 Er sieht nicht fern. Er <u>hat</u> Kopfschmerzen.
6 Christian ist ein guter Fußballspieler. Er <u>trainiert</u> jeden Tag.
7 Ich brauche Geld. Ich <u>gehe</u> ins Kino.
8 Marta bleibt zu Hause. Sie <u>wäscht</u> sich die Haare.
9 Ich kann nicht ins Kino gehen. Ich <u>übe</u> Gitarre.
10 Max fährt in die Stadt. Er <u>besucht</u> seine Oma.

8 Questions

8.1 Questions without question words

These are questions which require the answer **ja** or **nein**. They start with the verb:

<u>Isst</u> du gern Schokolade? *Do you like to eat chocolate?*

8.2 Questions with question words

These are the main question words used in this book:

wann?	*when?*
warum?	*why?*
was?	*what?*
wer?	*who?*
wie?	*how?*
wie lange?	*how long?*
wie viel(e)?	*how much (many)?*
wo?	*where?*

The question word comes first, just like in English:

__Was__ machst du im Winter? *What do you do in the winter?*

9 (nicht) gern and lieber

To say that someone likes doing something, put **gern** after the verb:

 Ich esse __gern__ Pommes. *I like eating chips.*

To say that someone doesn't like something, use **nicht gern**:

 Ich trinke __nicht gern__ Kaffee. *I don't like to drink coffee.*

To say that someone prefers something, use **lieber**:

 Ich esse __lieber__ Kuchen. *I prefer to eat cake.*

In questions, put **gern/lieber** after the pronoun:

Isst du __gern__ Pizza? *Do you like eating pizza?*
Was trinkst du __lieber__? *What do you prefer to drink?*

---

32 Write sentences about the teenagers.
✓ = gern, ✓✓ = lieber, ✗ = nicht gern

Beispiel: Max sieht gern (✓) Krimis, aber er sieht lieber (✓✓) Sportsendungen. Er sieht nicht gern (✗) Seifenopern.

	Sportsendungen	Krimis	Seifenopern
1 Max	✓✓	✓	✗
2 Laura	✗	✓✓	✓
3 Niklas	✓	✗	✓✓
4 Isabel	✓✓	✗	✗

10 Extras

10.1 Numbers

0	null
1	eins
2	zwei
3	drei
4	vier
5	fünf
6	sechs
7	sieben
8	acht
9	neun
10	zehn
11	elf
12	zwölf
13	dreizehn
14	vierzehn
15	fünfzehn
16	sechzehn
17	siebzehn
18	achtzehn
19	neunzehn
20	zwanzig
21	einundzwanzig
22	zweiundzwanzig
23	dreiundzwanzig
24	vierundzwanzig
25	fünfundzwanzig
26	sechsundzwanzig
27	siebenundzwanzig

28	achtundzwanzig
29	neunundzwanzig
30	dreißig
40	vierzig
50	fünfzig
60	sechzig
70	siebzig
80	achtzig
90	neunzig
100	hundert
200	zweihundert
250	zweihundertfünfzig

10.2 Days

These are the days of the week in German:

Montag
Dienstag
Mittwoch
Donnerstag
Freitag
Samstag
Sonntag

To say *on* a day, use **am**:
Am Donnerstag ... *On Thursday ...*

10.3 Dates

You give dates like this:
Mein Geburtstag ist <u>am zweiten</u> Januar.
My birthday is on the second of January.

The date is made by putting **am** before the number and **-(s)ten** on the end of it. A few dates (shown in bold) are irregular:

1. am **ersten**
2. am zweiten
3. am **dritten**
4. am vierten
5. am fünften
6. am sechsten
7. am **siebten**
8. am achten
9. am neunten

10.	am zehnten
11.	am elften
12.	am zwölften
13.	am dreizehnten
... etc...	
19.	am neunzehnten
20.	am zwanzig**sten**
21.	am einundzwanzig**sten**
30.	am dreißig**sten**

10.4 Months

Januar
Februar
März
April
Mai
Juni
Juli
August
September
Oktober
November
Dezember

10.5 Times

You say times like this:

1:30	Es ist halb zwei.
1:40	Es ist zwanzig vor zwei.
1:45	Es ist Viertel vor zwei.
1:50	Es ist zehn vor zwei.
2:00	Es ist zwei Uhr.
2:10	Es ist zehn nach zwei.
2:15	Es ist Viertel nach zwei.
2:20	Es ist zwanzig nach zwei.

Notice that **halb zwei** is *half-past <u>one</u>*, not *half-past <u>two</u>*.

To say *at* a time, you use **um**:

Um zehn Uhr spiele ich Tennis.
At ten o'clock I am playing tennis.

Wortschatz Englisch – Deutsch

A

a	ein
actually	tatsächlich
afternoon	der Nachmittag(-e)
afterwards	nachher, danach
again	noch mal
alarm clock	der Wecker(-)
all	alle
already	schon
also	auch
always	immer
and	und
apple juice	der Apfelsaft(¨e)
arm	der Arm(-e)
at	bei
autumn	der Herbst
awful	furchtbar

B

back	der Rücken(-)
back, return	zurück
backache	die Rückenschmerzen (pl)
bad	schlecht, schlimm
bake	backen
bakery	die Bäckerei(-en)
banana	die Banane(-n)
baseball cap	die Baseballmütze(-n)
to be	sein
to be able to	können
because	weil
best	beste
better	besser
between	zwischen
big	groß
bike	das Fahrrad(¨er)
a bit	ein bisschen
boat trip	die Bootsfahrt(-en)
boat	das Boot(-e)
book	das Buch(¨er)
bookshop	die Buchhandlung(-en)
boring	langweilig
to borrow	leihen
bottle	die Flasche(-n)
boy	der Junge(-n)
to build	bauen
but	aber
butcher's shop	die Metzgerei(-en)
to buy	kaufen
bye	tschüs

C

cake shop	die Konditorei(-en)
camp site	der Campingplatz(¨e)
can	die Dose(-n)
car	das Auto(-s)
carrot	die Karotte(-n)
cartoon	der Zeichentrickfilm(-e)
cat	die Katze(-n)
celebrate	feiern
cheap	billig
cheese	der Käse(-)
chemist	die Drogerie(-n)
checked	kariert
cherry	die Kirsche(-n)
chicken	das Hähnchen(-)

chicken soup	die Hähnchensuppe(-n)
children's programme	die Kindersendung(-en)
Christmas card	die Weihnachtskarte(-n)
Christmas carol	das Weihnachtslied(-er)
Christmas Eve	der Heiligabend
Christmas tree	der Weihnachtsbaum(¨e)
Christmas	Weihnachten
clothes shop	das Modegeschäft(-e)
clothes	die Kleidung
cold	kalt
to come	kommen
comedy	die Komödie(-n)
computer game	das Computerspiel(-e)
computer shop	der Computerladen(¨n)
crisps	die Chips (pl)
cup	die Tasse(-n)
to cycle	Rad fahren
cycling tour	die Fahrradtour(-en)

D

Dad	der Vati(-s)
daily	täglich
to dance	tanzen
day after tomorrow	übermorgen
day	der Tag(-e)
day before yesterday	vorgestern
dear (on a letter)	Lieber, Liebe
to decorate	dekorieren
department store	das Kaufhaus(¨er)
dessert	der Nachtisch
difficult	schwierig
disgusting	eklig
to do	tun
doctor	der Arzt(¨e) / die Ärztin(-nen)
documentary film	der Dokumentarfilm(-e)
dress	das Kleid(-er)
to drink	trinken
drink	das Getränk(-e)

E

ear	das Ohr(-en)
earache	die Ohrenschmerzen (pl)
early	früh
earring	der Ohrring(-e)
egg	das Ei(-er)
elbow	der Ellenbogen(-)
to eat	essen
evening meal	das Abendessen(-)
every	jeder / jede / jedes
exchange	der Austausch
exciting	spannend
school trip	der Ausflug(¨e)

F

favourite	Lieblings-
fever / temperature	das Fieber
few	wenig
first	erster / erste / erstes
fitness centre	das Fitnesszentrum(-zentren)
it is foggy	es ist neblig
foot	der Fuß(¨e)
for	für
friend	der Freund(-e)
	die Freundin(-nen)
it is frosty	es ist frostig

fruit	das Obst	**L**	
full	satt	last	letzter / letzte / letztes
funny / silly	komisch / lustig	late	spät
		left	links
G		leg	das Bein(-e)
to get up	aufstehen	to like	mögen
to get	bekommen	I like	ich ... gern
girl	das Mädchen(-)	live	wohnen
girl's room	das Mädchenzimmer(-)	lucky, happy	glücklich
to give	geben		
glad	froh	**M**	
glass	das Glas(¨er)	magazine	die Zeitschrift(-en)
to glitter	glitzern	main course	das Hauptgericht(-e)
to go for a walk	spazieren gehen	to make	machen
to go out	ausgehen	many	viele
to go shopping	einkaufen gehen	mean	gemein
to go swimming	schwimmen gehen	meat	das Fleisch
good	gut	medicine	das Medikament(-e)
goose	die Gans(¨e)	to mention	erwähnen
grandfather	der Opa(-s)	milk	die Milch
grandmother	die Oma(-s)	mobile phone	das Handy(-s)
grandparents	die Großeltern (pl)	money	das Geld
great	prima, toll	month	der Monat(-e)
green	grün	mostly, most of the time	meistens
grilled sausage	die Bratwurst(¨e)	Mr	der Herr(-en)
		Mrs	die Frau(-en)
H		Mum	die Mutti(-s)
to have	haben	mushroom	der Champignon(-s)
to have to	müssen	music programme	die Musiksendung(-en)
ham	der Schinken(-)	music shop	der Musikladen(¨)
to hate	hassen		
head	der Kopf(¨e)	**N**	
headache	die Kopfschmerzen (pl)	nature programme	die Tiersendung(-en)
health	die Gesundheit	neck	der Hals(¨e)
healthy	gesund	never	nie
her	ihr, ihre	new	neu
hiking	wandern	news	die Nachrichten (pl)
his	sein, seine	next	nächster / nächste /
holidays	die Ferien (pl)		nächstes
at home	zu Hause	nice	nett
horse riding	reiten	night	die Nacht(¨e)
hot	heiß	normally	normalerweise
how	wie?	not	nicht
how many	wie viele?	not a	kein / keine
how much	wie viel?	nothing	nichts
to hurt	weh tun	now	jetzt
		now and then	ab und zu
I			
I	ich	**O**	
ill	krank	of course	natürlich
in	in	often	oft
in the afternoon	nachmittags	once	einmal
in the evening	abends	one, you	man
in the morning	morgens	onion	die Zwiebel(-n)
it	er / sie / es	only	nur
it's your turn	du bist dran	or	oder
		orange	die Orange(-n)
J		orange juice	der Orangensaft(¨e)
jacket	die Jacke(-n)	otherwise	sonst
jewellery	der Schmuck	our	unsere, unser
journey	die Reise(-n)	outdoor swimming pool	das Freibad(¨er)
K		**P**	
kayak	das Kajak(-s)	parents	die Eltern (pl)
knee	das Knie(-)	pasta	die Nudel(-n)
		pear	die Birne(-n)

Wortschatz Englisch – Deutsch

pepper	die Paprika(-s)
perhaps	vielleicht
piano	das Klavier(-e)
pineapple	die Ananas
please	bitte
pocket money	das Taschengeld(-er)
poor	arm
potato	die Kartoffel(-n)
present	das Geschenk(-e)
programme	die Sendung(-en)

Q

quickly, fast	schnell
quite	ziemlich
quiz show	die Quizsendung(-en)

R

it's raining	es regnet
to read	lesen
really	wirklich
red	rot
regards	der Gruß(¨e)
rice	der Reis
riding lessons	der Reitkurs(-e)
room	das Zimmer(-)

S

sausage	die Wurst(¨e)
to save	sparen
school trip	die Klassenfahrt(-en)
to sell	verkaufen
to send a text message	eine SMS schicken
series	die Serie(-n)
she	sie
shop	das Geschäft(-e)
shopping list	die Einkaufsliste(-n)
should	sollen
to show	zeigen
shy	schüchtern
since	seit
skateboard	das Skateboard(-s)
to ski	Ski fahren
snow	der Schnee
it's snowing	es schneit
so, therefore	also
some	einige
sometimes	manchmal
sore throat	die Halsschmerzen (pl)
spotted	gepunktet
spring	der Frühling
starter	die Vorspeise(-n)
to stay	bleiben / wohnen
stomach ache	die Bauchschmerzen (pl)
strawberry cake	die Erdbeertorte(-n)
strawberry	die Erdbeere(-n)
strict	streng
striped	gestreift
sweet / cute	süß
sweets	die Süßigkeiten (pl)
swimsuit	der Badeanzug(¨e)

T

tea	der Tee(-s)
television programme	die Fernsehsendung(-en)
television	der Fernseher(-)
terrible	schrecklich

to text	eine SMS schicken
the	der / die / das
then	dann
there	da / dort
there is / are	es gibt
this	dieser / diese / dieses
throat pastille	das Halsbonbon(-s)
time	die Zeit(-en)
tired	müde
to	nach
today	heute
tomorrow	morgen
too	zu
toe	der Zeh(-en)
tooth	der Zahn(¨e)
toothache	die Zahnschmerzen (pl)
toothpaste	die Zahnpasta (-pasten)
towel	das Handtuch(¨er)
town centre	die Stadtmitte
train	der Zug(¨e)
tram	die S-Bahn(-en)
trainers	der Sportschuh(-e)
T-shirt	das T-Shirt

U

uncle	der Onkel(-)
under	unter
underground	die U-Bahn(-en)
unfortunately	leider
unfriendly	unfreundlich
unhealthy	ungesund
uninteresting	uninteressant
until	bis

V

vanilla ice cream	das Vanilleeis
vegetables	das Gemüse(-)
very	sehr

W

to wake up	aufwachen
to wash	waschen
water	das Wasser
to wear	tragen
weather	das Wetter
weekend	das Wochenende(-n)
welcome	herzlich willkommen
what	was
when	wann
where	wo
which	welcher, welche, welches
white	weiß
who	wer
why	warum
it is windy	es ist windig
with	mit
without	ohne
would like to	möchten
to write	schreiben

Y

yesterday	gestern
you	du
young	jung
youth club	der Jugendklub(-s)
youth hostel	die Jugendherberge(-n)

Wortschatz Deutsch – Englisch

A

das	Abendessen(-)	evening meal
	zu Abend essen	to have supper/evening meal
	abends	in the evening
das	Abenteuer(-)	adventure
	aber	but
die	Abfahrt	downhill skiing
	alle(s)	all
	allein	alone
	also	so, therefore
die	Altersbeschränkung(-en)	age restriction
die	Ananas	pineapple
der	Anfang(¨e)	beginning, start
	angeln	to fish
	anstrengend	tiring
der	Apfel(¨)	apple
der	Apfelsaft(¨e)	apple juice
	arm	poor
der	Arzt(¨e)	doctor (male)
die	Ärztin(-nen)	doctor (female)
	auch	also, too
	auf (der Party)	at (the party)
	aufstehen	to get up
	aufwachen	to wake up
das	Auge(-n)	eye
	ausgehen	to go out
der	Ausflug(¨e)	excursion, school trip
der	Austausch	exchange
das	Auto(-s)	car
die	Autobahn(-en)	motorway

B

	backen	to bake
die	Bäckerei(-en)	bakery
der	Badeanzug(¨e)	swimsuit
das	Badezimmer(-)	bathroom
der	Bahnhof(¨e)	railway station
	bald	soon
die	Banane(-n)	banana
die	Baseballmütze(-n)	baseball cap
der	Bauch	stomach
die	Bauchschmerzen (pl)	stomach ache
	bei Freunden	at/with friends
das	Bein(-e)	leg
	bekommen	to get, receive
	bequem	comfortable
der	Berg(-e)	mountain
der	Bericht(-e)	report
	besonders	especially
	besser	better
	beste	best
das	Bett(-en)	bed
das	Bier(-e)	beer
	billig	cheap
die	Birne(-n)	pear
	bis	until
	blau	blue
	bleiben	to stay
	es blitzt	it's lightning
die	Bluse(-n)	blouse
das	Bonbon(-s)	sweet
das	Boot(-e)	boat

die	Bootsfahrt(-en)	boat trip
die	Bratwurst(¨e)	grilled sausage
	brauchen	to need
	braun	brown
die	Brezelbude(-n)	pretzel stall
der	Brief(-e)	letter
das	Brot	bread
das	Brötchen(-)	breadroll
der	Bruder(¨)	brother
das	Buch(¨er)	book
die	Buchhandlung(-en)	bookshop

C

der	Campingplatz(¨e)	camp site
der	Champignon(-s)	mushroom
die	Chips (pl)	crisps
der	Computerladen(¨)	computer shop
das	Computerspiel(-e)	computer game

D

	da	there
	danach	afterwards
	dann	then
	darin	in
	dekorieren	to decorate
	denn	because
der	Diamant(-en)	diamond
der	Dieb(-e)	thief
der	Dienstag(-e)	Tuesday
	dieser / diese / dieses	this / these
der	Dokumentarfilm(-e)	documentary film
der	Donnerstag(-e)	Thursday
	es donnert	it's thundering
	doof	stupid
das	Dorf(¨er)	village
	dort	there
die	Dose(-n)	can/tin
	du	
	bist dran	it's your turn
die	Drogerie(-n)	chemist's
der	Durst	thirst
	Hast du Durst?	Are you thirsty?
	duschen	to have a shower

E

	echt	really
	ehrgeizig	ambitious
das	Ei(-er)	egg
	einige	some, several
	einkaufen gehen	to go shopping
der	Einkaufsbummel(-)	shopping trip
die	Einkaufsliste(-n)	shopping list
das	Eis	ice cream
	eklig	disgusting
der	Ellenbogen(-)	elbow
die	Eltern (pl)	parents
	enden	to end
der	Entschuldigungszettel(-)	note of absence
die	Erdbeere(-n)	strawberry
die	Erdbeertorte(-n)	strawberry cake
	erster / erste / erstes	first
	etwas	something
der	Europameister(-)	European Champion

Wortschatz Deutsch — English

F

das Fach(¨er)	subject
fahren	to drive
die Fahrkarte(-n)	ticket
die Fahrradtour(-en)	cycling tour
die Familie(-n)	family
der Familienstammbaum(¨e)	family tree
die Fantasie(-n)	fantasy
faulenzen	to laze about
Federball spielen	to play badminton
feiern	to celebrate
die Ferien (pl)	holidays
das Ferienhaus(¨er)	holiday home
die Ferienwohnung(-en)	holiday flat
fernsehen	to watch television
der Fernseher(-)	television
das Fernsehprogramm(-e)	television guide
die Fernsehsendung(-en)	television programme
das Fieber	fever/temperature
finden	to find
Wie findest du ...?	What do you think about ...?
das Fitnesszentrum(-zentren)	fitness centre
die Flasche(-n)	bottle
das Fleisch	meat
fliegen	to fly
das Flugzeug(-e)	aeroplane
Frankreich	France
die Frau(-en)	woman
die Frauenmannschaft(-en)	women's team
der Freizeitpark	adventure park
der Freund(-e)	friend (male)
die Freundin(-nen)	friend (female)
freundlich	friendly
froh	glad
frostig	frosty
früh	early
der Frühling	spring
frühstücken	to have breakfast
furchtbar	awful
der Fuß(¨e)	foot

G

die Gans(¨e)	goose
ganz	totally
gar nicht	not at all
der Garten(¨)	garden
der Geburtstag(-e)	birthday
das Gedicht	poem
gefährlich	dangerous
gegen	versus, against
gelb	yellow
das Geld	money
gemein	mean
das Gemüse(-)	vegetables
gepunktet	spotted/polka dotted
gern (+ verb)	like (doing)
das Geschäft(-e)	shop
das Geschenk(-e)	present
Geschichte	history
gestern	yesterday
gestreift	striped
gesund	healthy

die Gesundheit	health
das Getränk(-e)	drink
gewinnen	win
geben	to give
es gibt	there is
das Glas(¨er)	glass/jar
gleich	immediately, straight away
glitzern	to glitter
Viel Glück!	Good luck!
glücklich	lucky, happy
grau	grey
groß	large
die Großeltern (pl)	grandparents
die Großmutter(¨)	grandmother
grün	green
der Gruß(¨e)	regards

H

das Haar(-e)	hair
das Hähnchen(-)	chicken
die Hähnchensuppe(-n)	chicken soup
der Hals(¨e)	neck
das Halsbonbon(-s)	throat lozenge
die Halsschmerzen (pl)	sore throat
das Handtuch(¨er)	towel
das Handy(-s)	mobile phone
hassen	to hate
der Hauptbahnhof(¨e)	main railway station
das Hauptgericht(-e)	main course
der Heiligabend	Christmas Eve
heiß	hot
helfen	to help
der Helm(-e)	helmet
das Hemd(-en)	shirt
der Herbst	autumn
der Herr(-en)	Sir / Mr
herzlich willkommen	welcome
die Hilfe(-n)	help
hoffentlich	hopefully
hoffnungslos	hopeless
der Honig	honey
die Hose(-n)	(a pair of) trousers
der Hund(-e)	dog
hundertprozentig	one hundred per cent
(Hast du) Hunger?	(Are you) hungry?

I

die Idee(-n)	idea
Igitt!	Urgh!
immer	always
die Insel(-n)	island
interessant	interesting

J

die Jacke(-n)	jacket
das Jahr(-e)	year
die Jahreszeit	season
jeder / jede / jedes	every
jetzt	now
die Jugendherberge(-n)	youth hostel
der Jugendklub(-s)	youth club
jung	young
der Junge(-n)	boy

das Jungenzimmer(-) — boy's room

K

der	Kaffee(-s)	coffee
	Kajak fahren	to go kayaking
	kalt	cold
	kariert	checked
die	Karotte(-n)	carrot
die	Karte(-n)	ticket/card
die	Kartoffel(-n)	potato
der	Käse(-)	cheese
die	Katze(-n)	cat
das	Kaufhaus(¨er)	department store
der	Keks(-e)	biscuit
	kennen lernen	to get to know
die	Kindersendung(-en)	children's programme
das	Kino(-s)	cinema
die	Kirche(-n)	church
die	Kirsche(-n)	cherry
die	Kirschtorte(-n)	cherry cake
die	Klassenfahrt(-en)	school trip
das	Klavier(-e)	piano
das	Kleid(-er)	dress
die	Kleidung	clothes
	klein	small
	klettern	to climb
das	Knie(-)	knee
der	Knoblauch	garlic
	k.o.	worn out
	komisch	funny, silly
	kommen	to come
die	Komödie(-n)	comedy
der	Kompromiss(-e)	compromise
die	Konditorei(-en)	cake shop
der	Kopf(¨e)	head
die	Kopfschmerzen (pl)	headache
	kosten	to cost
das	Kostüm(-e)	costume / outfit
das	Krafttraining	body building
	krank	ill
der	Krimi(-s)	detective story
der	Kuchen(-)	cake
der	Kuli(-s)	ballpoint pen

L

	lachen	to laugh
das	Land(¨er)	country
	lang	long
	langweilig	boring
	launisch	moody
	laut	loud
das	Leben(-)	life
	leider	unfortunately
	leihen	to borrow
	letzter / letzte / letztes	last
	Lieber, Liebe	dear
	lieber (+ verb)	prefer (doing)
der	Liebesfilm(-e)	love story
	Lieblings-	favourite
die	Limonade(-n)	lemonade
	links	left
die	Lippe(-n)	lip
	lustig	funny

M

das	Mädchen(-)	girl
das	Mädchenzimmer(-)	girl's room
das	Mal(-e)	time
das		
	erste Mal	the first time
die	Mama	mum
	man	one, you
	manchmal	sometimes
der	Mann(¨er)	man
die	Mannschaft(-en)	team
der	Markt(¨e)	market
der	Marktplatz(¨e)	market place
die	Marmelade(-n)	jam
der	März	March
das	Medikament(-)	medicine
das	Mehl	flour
	meistens	mostly, most of the time
die	Meisterschaft(-en)	Championship
die	Metzgerei(-en)	butcher's shop
die	Milch	milk
	mit	with
das	Mitglied(-er)	member
der	Mittag	midday
zu	Mittag essen	to have lunch
	möchten	would like to
das	Modegeschäft(-e)	clothes shop
	mögen	to like
der	Monat(-e)	month
der	Montag(-e)	Monday
	morgens	in the morning
	müde	tired
die	Musik(-en)	music
der	Musikladen(¨en)	music shop
der	Musikraum	music room
die	Musiksendung(-en)	music programme
die	Mutter(¨) / Mutti	mother/mum

N

	nach	to, after/past (times)
	nachher	afterwards
der	Nachmittag(-e)	afternoon
	nachmittags	in the afternoon
die	Nachrichten (pl)	news
	nächster / nächste / nächstes	next
die	Nacht(¨e)	night
der	Nachtisch	dessert
	nachts	at night
die	Nase(-n)	nose
	natürlich	of course, naturally
	es ist neblig	it's foggy
	nett	nice
	neu	new
	nicht	not
	nichts	nothing
	nie	never
	Was noch?	What else?
der	Norden	North
die	Nordsee	North Sea
	normalerweise	normally
die	Nudel(-n)	pasta
	nur	only

O

das	Obst	fruit
	oder	or
der	Ofen(∵)	oven
	ohne	without
das	Ohr(-en)	ear
die	Ohrenschmerzen (pl)	ear ache
der	Ohrring(-e)	earring
die	Oma(-s)	grandmother
der	Onkel(-)	uncle
der	Opa(-s)	grandfather
die	Orange(-n)	orange
der	Orangensaft(∵e)	orange juice
der	Osten	East
	Österreich	Austria

P

das	Paar(-e)	pair
	Papa	Dad
die	Paprika(-s)	pepper
das	Parfüm(-e)	perfume
die	Persönlichkeit(-en)	personality
das	Pfund(-e)	pound
der	Platz(∵e)	place
der	Platz zwei	second place
der	Po(-s)	bottom
die	Polizei	police
der	Polizeichef(-s)	police chief
die	Pommes	chips
	prima	great
	pro	per
der	Prospekt(-e)	brochure
	pünktlich	on time, punctual

Q

die	Quizsendung(-en)	quiz show

R

	Rad fahren	to cycle
der	Radsportler(-)	professional cyclist (masculine)
die	Radsportlerin(-nen)	professional cyclist (feminine)
die	Regel(-n)	rule
es	regnet	it's raining
der	Reis	rice
die	Reise(-n)	journey
	reiten	horse riding
der	Reitkurs(-e)	riding lesson
der	Rennfahrer(-)	racing driver
	rot	red
der	Rücken(-)	back
die	Rückenschmerzen (pl)	back ache
der	Ruhetag(-e)	day of rest

S

der	Saft(∵e)	juice
	satt	full
die	S-Bahn(-en)	tram
	schicken	to send
der	Schinken(-)	ham
	schlank	thin
	schlecht	bad
	schlimm	bad

das	Schloss(∵er)	castle
	schmecken	to taste nice
der	Schmuck	jewellery
der	Schnee	snow
die	Schneeballschlacht(-en)	snowball fight
	schneiden	to cut
	schnell	quickly, fast
der	Schnupfen(-)	a cold
die	Schokolade(-n)	chocolate
	schon	already
	schön	beautiful
	schrecklich	terrible
	schreiben	to write
	schüchtern	shy
der	Schuh(-e)	shoe
die	Schule(-n)	school
die	Schulkleidung	school clothes
die	Schulter(-n)	shoulder
	schwarz	black
die	Schwarzwälder Kirschtorte	Black Forest Gateau
die	Schwester(-n)	sister
	schwierig	difficult / hard
das	Schwimmbad(∵er)	public swimming bath
	schwimmen	to swim
die	See	sea
der	Seemann(∵er)	sailor
	segeln	to sail
	sehr	very
die	Seifenoper(-n)	soap opera
	seit	since
die	Seite(-n)	side, page
die	Sendung(-en)	programme
die	Serie(-n)	series
	Ski fahren	to ski
	sollen	should
die	Sommerferien (pl)	summer holidays
die	Sonnenbrille(-n)	sunglasses
	sonnig	sunny
	sonst	otherwise
Was	sonst?	What else?
	Sonst noch etwas?	Anything else?
der	Souvenirladen(∵)	souvenir shop
	spannend	exciting
	sparen	to save
	spät	late
	spazieren gehen	to go for a walk
die	Speisekarte(-n)	menu
der	Spinat	spinach
die	Spinne(-n)	spider
	spitze	great
der	Sportler(-)	sportsperson (male)
die	Sportlerin(-nen)	sportsperson (female)
	sportlich	sporty
die	Stadtmitte	town centre
	stark	strong
der	Stiefel(-)	boot
der	Stiefvater(∵)	step-father
der	Strand(∵e)	beach
die	Straßenbahn(-en)	tram
	streng	strict
das	Stück(-e)	piece
die	Suppe(-n)	soup

	süß	sweet / cute
die	Süßigkeiten (pl)	sweets

T

die	Tablette(-n)	tablet
der	Tag(-e)	day
	täglich	daily
die	Tante(-n)	aunt
	tanzen	to dance
die	Tasse(-n)	cup
	tatsächlich	actually
der	Tauchkurs(-e)	diving course
der	Tee(-s)	tea
der	Teig(-e)	dough
die	Theatergruppe(-n)	drama group
das	Theaterstück(-e)	play
das	Tier(-e)	animal
die	Tiersendung(-en)	nature programme
	toll	great
die	Tomate(-n)	tomato
die	Torte(-n)	cake
	tragen	to wear
die	Traube(-n)	grape
der	Truthahn(¨e)	turkey
	tschüs	bye
	tun	to do
das	Turnier(-e)	tournament
die	Tüte(-n)	bag

U

die	U-Bahn(-en)	underground
	übermorgen	day after tomorrow
	um … zu	in order to
	unehrlich	dishonest
	unfreundlich	unfriendly
	ungesund	unhealthy
	uninteressant	uninteresting
	unser / unsere / unser	our
	unter	under
der	Untertitel(-)	subtitle
	unterwegs	on the way
	usw.	etc.

V

der	Vater(¨)	father
	verdächtigten	to suspect
	verkaufen	to sell
	sich verlieben	to fall in love
	vielleicht	perhaps
	von	of, from
	vor	in front of, before/(to (times))
	vorbereiten	to prepare
	vorgestern	day before yesterday
die	Vorspeise(-n)	starter

W

	während	during
	wandern	hiking
	wann	when
	warum	why
	waschen	to wash
der	Wecker(-)	alarm clock
	weh tun	to hurt

	Weihnachten	Christmas
der	Weihnachtsbaum(¨e)	Christmas tree
die	Weihnachtskarte(-n)	Christmas card
das	Weihnachtslied(-er)	Christmas carol
	weil	because
	weiß	white
	welcher / welche / welches	which
der	Weltmeister(-)	World Champion
die	Weltmeisterschaft(-en)	World Championship
	wenig	few
	wer	who
das	Wetter	weather
	wieder	again
	es ist windig	it's windy
die	Winterferien (pl)	winter holidays
	wirklich	really
	wo	where
die	Woche(-n)	week
das	Wochenende(-n)	weekend
	wohin	where to
	wohnen	to live
der	Wohnort(-e)	place of residence
die	Wohnung(-en)	flat
das	Wohnzimmer(-)	living room
	wolkig	cloudy
das	Würfelspiel(-e)	dice game
die	Wurst(¨e)	sausage
das	Würstchen(-)	small sausage

Z

der	Zahn(¨e)	tooth
die	Zahnpasta(-pasten)	toothpaste
die	Zahnschmerzen (pl)	toothache
das	ZDF	German television channel
der	Zeh(-en)	toe
der	Zeichentrickfilm(-e)	cartoon
	zeigen	to show
die	Zeit(-en)	time
die	Zeitschrift(-en)	magazine
	zerstören	to destroy
	ziemlich	quite
das	Zimmer(-)	room
der	Zug(¨e)	train
	zu	too
	zurück	back, return
	zusammen	together
die	Zwiebel(-n)	onion
	zwischen	between

Anweisungen

Ändere die Sätze.	Change the sentences.
Aufgabe.	Exercise.
Beantworte / Stell Fragen.	Answer / Ask questions.
Beantworte die Fragen auf Englisch / in ganzen Sätzen.	Answer the questions in English / in complete sentences.
Bereite … vor.	Prepare.
Beschreib.	Describe.
Bilde Sätze / Fragen / Dialoge.	Construct sentences / questions / dialogues.
Ergänze den Brief / Text / die Sätze.	Complete the letter / text / sentences.
Finde die Verben.	Find the verbs.
Füll die Tabelle / die Lücken aus.	Fill in the table / gaps.
Hör zu.	Listen.
Korrigiere.	Correct.
Lies.	Read.
Lös das Rätsel.	Solve the puzzle.
Mach das Buch zu.	Close your book.
Mach Notizen.	Make notes.
Ordne die Bilder.	Put the pictures in the correct order.
Partnerabeit.	Pair work.
Rate mal.	Guess.
Richtig oder falsch?	True or false?
Schreib ab / auf / neu aus.	Copy / write down / rewrite.
Schreib die Sätze zu Ende.	Complete the sentences.
Schreib die Tabelle ab.	Copy the table.
Schreib ein paar Sätze auf.	Write down a few sentences.
Schreib einen Absatz / Brief / Dialog.	Write a paragraph / letter / dialogue.
Schreib einige Sätze / etwas über … .	Write a few sentences about … .
Sieh dir die Bilder an.	Look at the pictures.
Sing mit.	Sing along.
Stell Fragen.	Ask questions.
Trag vor.	Present.
Überprüfe.	Check.
Umfrage.	Survey.
Verändere die Sätze.	Change the sentences.
Vervollständige die Sätze.	Complete the sentences.
Was ist das auf Deutsch?	How do you say this in German?
Was ist die richtige Reihenfolge?	What is the correct order?
Was passt zusammen?	What matches?
Was sagen sie?	What are they saying?
Welcher Absatz / welches Bild ist das?	Which paragraph / picture is it?
Wer sagt das?	Who says this?
Wer spricht?	Who is talking?
Wie heißt das auf Deutsch / Englisch?	How do you say this in German / English?
Wie ist die richtige Reihenfolge?	What is the correct order?
Wie oft machen sie das?	How often are they doing this?
Wie sagt man das auf Deutsch?	How do you say this in German?
Wie war es?	What was it like?
Wiederhole.	Repeat.
Zeichne die Personen / Uhren.	Draw the people / clock.